本书受中央高校基本科研业务费专项资金项目资助（Supported by the Fundamental Research Funds for the Central Universities）

项目名称为"健身健美课程中身体素养培育的理论与实践研究"（项目编号：31920240024）

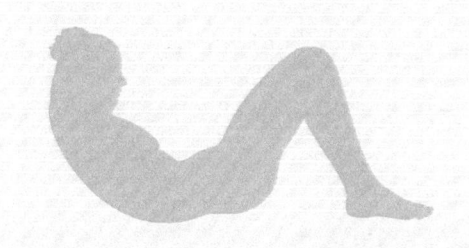

青少年
体能锻炼指导

冯刚 著

中国社会科学出版社

图书在版编目(CIP)数据

青少年体能锻炼指导 / 冯刚著. -- 北京：中国社会科学出版社, 2025. 4. -- ISBN 978-7-5227-5030-9

Ⅰ. G808.17

中国国家版本馆 CIP 数据核字第 2025LJ9045 号

出 版 人	赵剑英
责任编辑	胡安然
责任校对	刘　同
责任印制	李寡寡

出　　版	中国社会科学出版社
社　　址	北京鼓楼西大街甲 158 号
邮　　编	100720
网　　址	http://www.csspw.cn
发 行 部	010-84083685
门 市 部	010-84029450
经　　销	新华书店及其他书店
印　　刷	北京明恒达印务有限公司
装　　订	廊坊市广阳区广增装订厂
版　　次	2025 年 4 月第 1 版
印　　次	2025 年 4 月第 1 次印刷
开　　本	710×1000　1/16
印　　张	13.5
字　　数	193 千字
定　　价	68.00 元

凡购买中国社会科学出版社图书, 如有质量问题请与本社营销中心联系调换

电话：010-84083683

版权所有　侵权必究

前言

在当今社会，随着科技的飞速发展和生活节奏的加快，青少年面临着前所未有的健康挑战。长时间的学业压力、电子设备的过度使用、饮食结构的失衡以及缺乏足够的体育锻炼，都使得青少年体质健康问题日益凸显。体能下降、肥胖、近视等健康问题在青少年群体中屡见不鲜，这不仅影响了他们的生活质量，更对未来的发展造成了潜在的威胁。

青少年是国家的未来和民族的希望，他们的健康状况直接关系到国家的未来发展。因此，提升青少年的体质健康水平已成为社会各界共同关注的焦点。而体能锻炼作为改善青少年体质健康的有效途径，其科学性和有效性更是备受关注。体能与体质健康之间存在着密切的联系。体能是体质健康的重要体现，它涵盖了身体的力量、速度、耐力、柔韧性等多个方面。通过科学的体能锻炼，可以有效提升青少年的体质健康水平，预防和改善各种健康问题。然而，目前关于青少年体能锻炼的科学指导尚显不足。许多家长和教育工作者对青少年体能锻炼的认识存在误区，缺乏科学的指导方法和手段。这导致许多青少年在进行锻炼时，要么方法不当，效果不佳；要么过度锻炼，造成身体损伤。因此，撰写一本基于体质健康的青少年体能锻炼科学指导书籍显得尤为必要。

本书共包括七章内容，第一章为青少年身体发育特点与体质健康状况；第二章为青少年体能锻炼促进体质健康的作用与理论；第三章至第五章分别对青少年基础体能锻炼实用方法、青少年运动体能锻炼实用方法以及青少年体能类游戏锻炼方法进行了研究;第六章对青少年体能锻炼中的营养补充与运动伤害防护进行了探讨;第七章为青少年体质健康视角下学校体育教育改革的思考。总体来说,本书结合青少年的生理和心理特点,为广大家长和教育工作者提供了一套具有实用价值的青少年体能锻炼指导方案,希望通过本书的推广,能够引导青少年正确地进行体能锻炼,提升体质健康水平,为他们的健康成长打下坚实的基础。

在本书的撰写过程中,参考了许多专家、学者的研究成果,在此表示诚挚的感谢。由于本人水平有限,时间紧迫,书中难免有不妥与疏漏之处,敬请广大读者批评指正。

目 录

第一章　青少年身体发育特点与体质健康状况 …………… (1)
　　第一节　青少年身体发育特点 ……………………………… (1)
　　第二节　青少年身体素质发展敏感期 ……………………… (9)
　　第三节　青少年体质健康现状 ……………………………… (11)
　　第四节　影响青少年体质健康的因素 ……………………… (16)

第二章　青少年体能锻炼促进体质健康的作用与理论 ………… (26)
　　第一节　体能锻炼促进青少年体质健康的作用 …………… (26)
　　第二节　青少年体能锻炼的理论基础 ……………………… (31)
　　第三节　青少年体能锻炼的原则与方法 …………………… (45)
　　第四节　青少年体能锻炼计划的制订 ……………………… (57)

第三章　青少年基础体能锻炼实用方法 ……………………… (65)
　　第一节　肌力和肌耐力锻炼方法 …………………………… (65)
　　第二节　心肺耐力锻炼方法 ………………………………… (75)
　　第三节　柔韧性锻炼方法 …………………………………… (79)
　　第四节　平衡性锻炼方法 …………………………………… (86)

第四章　青少年运动体能锻炼实用方法 ……………………… (90)
　　第一节　神经感官机能锻炼方法 …………………………… (90)

第二节　爆发力锻炼方法 …………………………………… (94)
　　第三节　速度素质锻炼方法 ………………………………… (103)
　　第四节　灵敏素质锻炼方法 ………………………………… (111)
　　第五节　协调素质锻炼方法 ………………………………… (115)

第五章　青少年体能类游戏锻炼方法 ………………………… (124)
　　第一节　力量类游戏 ………………………………………… (124)
　　第二节　速度类游戏 ………………………………………… (129)
　　第三节　耐力类游戏 ………………………………………… (133)
　　第四节　灵敏类游戏 ………………………………………… (140)
　　第五节　协调类游戏 ………………………………………… (145)

第六章　青少年体能锻炼中的营养补充与运动伤害防护 ……… (147)
　　第一节　青少年体能锻炼的营养摄入原则 ………………… (147)
　　第二节　青少年体能锻炼的营养补充 ……………………… (152)
　　第三节　青少年体能锻炼的运动伤害处理 ………………… (162)
　　第四节　青少年体能锻炼的运动伤害预防 ………………… (168)

第七章　青少年体质健康视角下学校体育教育改革的
　　　　思考 ………………………………………………………… (177)
　　第一节　体育教育对青少年健康发展的影响 ……………… (177)
　　第二节　"健康第一"理念下学校体育教育的
　　　　　　优化改革 …………………………………………… (185)
　　第三节　学校体质健康测试的改革 ………………………… (192)
　　第四节　课外体育助力青少年体质健康的策略 …………… (200)
　　第五节　学校体育教育与学校健康教育的协同发展 ……… (205)

参考文献 ………………………………………………………… (209)

第一章
青少年身体发育特点与体质健康状况

在人类的生命周期中,青少年阶段是一个尤为关键的成长时期。这一时期,个体的身体发育迅速,心理变化复杂,同时也是形成健康生活习惯和塑造良好体质的关键时期。因此,深入了解青少年身体发育的特点,以及他们在体质健康方面的状况,对于促进青少年的全面健康发展具有极其重要的意义。

第一节 青少年身体发育特点

一 青少年身体发展特点

对于青少年而言,他们的身体发育情况呈现出逐年成熟的趋势,这是一个充满变化与成长的阶段。在这个阶段,青少年的身体各系统都在经历着显著的发展,其中身高和体重、骨骼和肌肉以及神经系统的变化尤为明显,它们共同塑造了青少年独特的生理特征。

(一)青少年身高和体重的发育特征

青少年在身体发育上常表现出显著的特点。例如,具备游泳潜质的青少年往往身高出众,手掌和脚掌也相对宽大,这些特征有助于他们在水中高效划水并降低阻力。具有跳高潜质的青少年通常身材苗条,腿部线条修长。值得注意的是,性别在青少年身高和体重的发育过程中起着重要作用。大约从10岁开始，性别差异变得明显。在此之前，男女的身高和体重增长速度大致相当，没有显著的差别。但从10岁开始，女子的身高和体重进入快速增长期，她们的生长速度明显超过男子，这种现象也是人们常说的女孩发育早于男孩的原因之一。大约从13岁开始，男子的身体发育进入快速增长期。而且一般而言，男子一旦开始快速发育，他们的速度也要快于女子，只用了不到一年的时间，男子在14岁时其平均身高一般都要高于同龄的女子。而此时的女子由于逐渐进入青春期，她们在身高方面的发育逐渐减缓，一般会有5—7厘米的增长空间，而男子身高的生长会一直持续到20岁。

（二）青少年骨骼和肌肉的发育特征

1. 骨骼

骨骼和肌肉的发育并非同步进行的，这在青少年的发育过程中尤其明显。一般来说，青少年骨骼的发育要明显早于肌肉的发育。其中一个比较明显的标志是骺软骨的发育情况。当骺软骨的增殖速度减缓，骨骼长度固定，即青少年的骨骼发育基本结束。青少年骨骼不仅在长度方面快速增长，其维度也在逐渐增加，即骨骼随着生长越来越粗壮，这是骨质外层钙盐不断沉积的结果。在青少年骨骼生长发育阶段，加强营养补充十分重要，青少年每日需摄入足够的蛋白质、钙和其他微量元素，保证骨骼的正常生长需要。如果此时营养不足，特别是缺钙或者发生甲状腺分泌不足等内分泌腺疾病，那就会直接影响骨骼的生长，造成青少年身高发育不充分。因此，青少年在身体发育期间的饮食和营养非常关键，对于青少年运动员而言则更是如此，因为他们的日常训练量大，身体对营养的需求也就更多，在科学的体能训练的刺激下，青少年运动员的身体潜能得到一再的拓展，这对他们未来的运动生涯将产生决定性的影响。那么为了获得理想的结果，就一定要注意营养的补充，保持积极乐观的生活态度，同时保证充足的睡眠，从而使青少年运动员的骨骼发育达到最佳水平。

2. 肌肉

（1）肌肉发育特征。和成年人相比，青少年的肌肉具有纤细且含有较多水分的特点。该阶段身体的主要发育重点集中在骨骼的长度增长方面，相对来说，肌肉的生长主要表现为随着骨骼的生长而不断拉长。因此，青少年阶段其肌肉都比较纤细。由于此时身体在快速长高，水分起到了重要的作用，青少年的肌肉成分中水分含量较高，而其他营养素含量较少，这使肌肉具有良好的弹性和柔软度，缺乏其他营养素会使青少年的肌肉在力量方面表现不足，其中耐力则更差，这是因为青少年肌肉中储备的糖原等能源物质较少，而且运输营养的毛细血管也不够发达，因此导致他们的肌肉耐力水平不高，在运动和训练中很容易疲劳。青少年这一阶段的肌肉主要是纵向增长，肌纤维细长，缺乏力量。但优点是青少年的疲劳消除和肌肉恢复速度很快，青少年只要好好地睡一晚就能再次变得精力充沛、活力十足。

（2）肌肉发育规律。青少年肌肉发育规律主要表现在以下几方面。第一，随着青少年的整体发育，其肌肉重量在不断增加，所占身体总体重的比例越来越高，青少年从 8 岁开始肌肉的增长逐渐增快，在 15—18 岁之间是增速快速期，在 18 岁左右，其肌肉发育水平基本上完成，其力量和耐力等素质水平已经与成人无异。

第二，青少年的骨骼发育领先于肌肉的发育，在骨骼的快速生长期，肌肉更多的是纵向增长，当骨骼的增长速度变慢滞后，肌肉才逐渐向横向生长，并逐渐变得强壮。当然，最终肌肉的发育情况还与青少年的体育运动情况密切相关。有运动习惯、长期进行自己喜欢的运动项目的普通青少年，和青少年运动员的肌肉发育水平明显高于缺乏运动的同龄人。

第三，除了群体间和生长阶段的区别之外，青少年个体的肌肉生长发育也存在差异。因此，青少年的体能训练中不应过分强调动作的协调性和精细化，这是遵循人体发育客观规律的必然要求，随着年龄的增长，大肌群大发育逐渐完善，在适当的刺激和训练下，机体各部位的小肌群也逐渐迎来全面的发展。此后，青少年的动作协调性逐渐增强，且在完成精细动作方面也越来越好。

（三）青少年神经系统的发育特征

1. 发育较早

人体的神经系统从胚胎时期就开始发育了，因此可以说是人体发育最早的系统之一。出生后，人体的神经系统发育也比其他系统要早一些。神经系统的发育情况不仅决定着人体各个器官和组织的健康水平，而且对人体的智商发育、运动能力等具有非常重要的影响。从另一个角度来说，在研究青少年体能素质发展的时候，不能绕过对神经系统的认识和了解。

人体大脑的初期发育速度惊人，在大约6岁时就达到成年大脑重量的90%，12岁时已经接近成人。除了重量这一重要的衡量因素之外，大脑皮层的内部结构和机能等也在不断完善。根据人体的这一发展特点，青少年在进行体能训练时，可以重点训练对神经系统要求较高的运动项目，尤其是能发展灵敏素质和速度素质项目，以发挥青少年身体灵活的优势。

2. 兴奋与抑制过程发展不均衡

人体神经系统的另一发育特征是兴奋与抑制的过程发展不均衡。比较突出的表现是：出生初期，婴儿在大多数时间里都在睡觉，尤其是出生后的前三个月，这是因为此时他们的大脑皮层以抑制过程为主；在6—13岁时期，其大脑皮层以兴奋过程占主导，此时的儿童普遍表现为好动、精力充沛，经常闯祸，实际上是旺盛的神经系统的兴奋过程在幕后主导，儿童对自身的行为又欠缺约束力，于是，此时的儿童总是异常欢脱，充满生命力，但偶尔也会给家长制造一些麻烦；因此，在6—13岁时，对青少年运动员的训练反而能够帮助他们消耗过剩的精力，而且青少年的疲劳恢复时间较短，只要进行科学的训练安排就会得到很好的训练效果。

3. 脑细胞易疲劳

青少年儿童神经细胞的另一个特点是比较容易疲劳。这主要是由于他们的大脑反应能力较强。

二 青少年身体发育的基本规律

（一）顺序性

青少年的成长发展是一个既复杂又有序的生理过程，每一阶段均遵循着明确的方向性与顺序性，既不会轻易超越，也不会逆向倒行。这种顺序性深刻地体现了生长发育的内在法则，对青少年身体与心理的逐步成熟起到了至关重要的作用。就身体系统的发展次序而言，青少年的神经系统优先于其他系统进行发育，这是因为神经系统是负责调控和协调身体各部分活动的核心，神经系统的发育完善为其他系统的发育奠定了基石。随后，运动系统开始发展，包括骨骼、肌肉和关节等，使青少年能够执行更为复杂的运动任务。最终，生殖系统的发育标志着青少年逐渐步入性成熟阶段。在个体动作的发展顺序上，青少年同样遵循着一定的规律，他们的动作发展往往从头部开始，逐步向下延伸至躯干和四肢；从身体的核心区域开始，然后向外围扩展；从粗大的动作发展到精细的动作。这种顺序性揭示了青少年动作技能逐步精细化和复杂化的演进过程。

此外，心理品质的发展也遵循着一定的顺序。青少年的注意力发展从无意注意逐渐转向有意注意，记忆方式从机械记忆逐渐转变为意义记忆，思维方式从具体形象思维逐渐发展为抽象逻辑思维。同时，他们的情绪发展也经历了从一般情绪到高级情绪的过程，逐渐具备了体验更为复杂情感的能力。

鉴于青少年生长发育的顺序性，家长和教育工作者在对其进行体质健康干预时，必须遵循循序渐进的原则。不能急于求成，而是要根据青少年的身心发展特点，制订合适的干预计划和策略，通过逐步引导、耐心训练和科学指导，帮助青少年逐步改善体质，促进身心健康发展。同时，也要关注个体差异，根据每个青少年的具体情况进行个性化的干预和指导。

(二) 阶段性

青少年的成长旅程充满了变化和挑战。他们在小学到大学的教育阶段中，不仅逐渐积累知识，在身心发展上也经历了显著的变化。这些变化不只是数量上的增长，更重要的是质的飞跃。青少年成长的各个阶段正是这些发展规律的体现。

在成长过程中，青少年的身高、体重和力量等生理指标会持续增加。他们的知识储备亦在持续扩充，自基础性的简单理解逐步向高阶复杂思维跃迁。至关重要的是，当这些累积达到特定阈值时，将会催生质的飞跃。此类变革不仅体现在生理构造上，更在心理构造与社会行为上表现得淋漓尽致。举例来说，随着认知能力的提升，青少年逐渐能够驾驭更为复杂的思维任务，并塑造出独树一帜的见解与判断力。

这些成长阶段的演变均基于坚实的科学理论基础。诸如皮亚杰的认知发展阶段理论、弗洛伊德的心理性发展阶段理论以及埃里克森的心理社会发展阶段理论等，皆深刻剖析了青少年成长的内在逻辑，并为家长和教育工作者理解和应对青少年在成长过程中可能遭遇的挑战提供了宝贵的指导。这些理论不仅深化了对青少年身心成长复杂性的认识，还提供了如何更好地助推他们健康成长的策略。

鉴于青少年生长发育的阶段性特征，家长和教育工作者应针对性地关注并改善学生的体质健康。通过科学合理的运动锻炼与饮食安排，推动青少年的生理成长；借助多元化的教育活动与社会实践，提升他们的认知能力和社会适应能力。这样，才能在量的积累的基础上逐步实现积极的质的飞跃，为青少年的健康成长奠定坚实的基础。

(三) 不平衡性

青少年的身心发展是一个复杂而多变的过程，其速度并非一成不变，而是呈现出一种波浪式的发展态势。在不同的生长发育阶段，青少年身心素质的发展速度、起始时间以及达到成熟水平的时间都存在显著的差异。这种差异不仅体现在不同身心素质之间，即便是同一机能系统的特性，在不同的发展时期也会有不同的表现。

人体身高和体重的变化在青少年成长历程中呈现出明显的变化趋势，这反映了人体自然生长发育的规律。从婴幼儿阶段开始，尤其在出生后的第一年，儿童的身高和体重均有显著增长，这是其生长发育初步加速的标志。随着个体逐渐进入青春期，将迎来第二个生长发育高峰期，此时身高和体重的增长速度将再次明显提升。这种变化是生理发展过程中的自然阶段，符合人体自然生长发育的规律。此外，青少年身体素质的发展也存在不同的敏感期，如力量素质的敏感期通常出现在青春期中后期。在这一阶段，通过科学合理的锻炼，可以有效提升青少年的力量水平，促进其全面发展。而速度和耐力素质的敏感期可能会相对提前或延后，这就需要家长和教育工作者根据青少年个体的实际情况，制订相应的锻炼计划，以促进其全面、均衡地发展。

鉴于青少年身心发展的这种阶段性和敏感性，家长和教育工作者需要抓住关键期和敏感期来加强健康教育。

(四) 互补性

当青少年的身体某方面功能遭受损害或缺失时，他们的身体具备一种自我调节和补偿的机制。通过这种机制，青少年能够利用其他方面的超常发展来部分弥补损失，从而维持身心的相对稳定。这一现象并非孤立，而是身体和心理发展各组成部分之间相互关系的体现，被称为身心发展的互补性规律。在青少年的成长过程中，互补性规律表现得尤为显著，涉及多个层面。首先是生理层面上的互补，例如，当某个青少年的某个肢体功能受损时，他可能会通过加强其他肢体的锻炼来弥补这一缺陷，从而保持或提升整体运动能力。其次是在生理与心理层面，青少年在面对身体挑战时，常常展现出超乎寻常的意志力与毅力，实现心理上的自我超越。而在心理层面，当青少年在某一心理领域遭遇困境时，他们可能会通过在其他心理领域的发展，来寻求新的平衡点，从而重塑自信。深入了解青少年身心发展的互补性规律，对于实施青少年体质健康干预具有重要的指导意义。在干预过程中，家长和教育工作者应积极发挥青少年的自身优势，同时针对其不足之处，提供有针对性的引导与帮助，并借助科学的方法和手段，促进青少年身心的和谐发展，使他们在面对挑战时，能够保持冷静与自信。

（五）差异性

尽管青少年身心发展的基本阶段具有一定的普遍性，但每个青少年都是独特的个体，其发展过程中存在显著的个体差异。这些差异不仅体现在生长发育的速度上，还表现在所能达到的发展水平和各自的优势方面。

有些青少年自小便展现出卓越的观察力，对周围环境的变化有着敏锐的洞察能力，善于捕捉细节；而另一些青少年则展现出非凡的记忆力，无论是课本知识还是生活中的琐碎细节，都能轻松掌握。

在思维方式方面，青少年之间的差异亦不容忽视。有些青少年擅长理性思维，逻辑推理和问题解决能力突出；而另一些青少年则更擅长形象思维，能够运用生动的画面和形象来表达自己的思想。因此，家长和教育工作者应充分认识到每个青少年的独特性，为他们提供符合个人特征的发展环境和支持。

青少年的发展速度同样存在个体差异。有些青少年在儿童时期便展现出超常的智力，很早便展露出才华；而另一些青少年则可能属于"大器晚成"的类型，早期并不明显，但随着年龄的增长，逐渐展现出自身优势。

在处理这些个体差异时，家长和教育工作者应持有尊重与理解的态度。在推进体质健康干预措施时，应避免"一刀切"的方式，而是应根据每位青少年的独特状况，制订符合其个人特征的方案。积极发掘并认可他们的优点与长处，对其给予充分的肯定和鼓励，帮助他们树立自信，也需要敏锐地识别他们在成长发育过程中可能出现的短板与不足，并运用科学的方法和手段，努力弥补和修正这些缺陷。

因材施教、区别对待是体质健康干预中应该遵循的原则。要根据青少年的不同特点，制订不同的训练计划，选择适合他们的锻炼方式。对于观察能力强的青少年，可以安排一些需要细致观察的训练项目；对于记忆力好的青少年，可以让他们多参与一些需要记忆的活动；对于擅长理性思维的青少年，可以提供一些逻辑推理和问题解决的任务；而对于长于形象思维的青少年，可以引导他们通过图像和画面来表达自己的想法。

第二节 青少年身体素质发展敏感期

青少年的身体素质发展具有非均衡性，各项素质按照一定的先后顺序进行发展，即在特定阶段对某一素质的发展更为敏感。了解并把握这一特性，对于有针对性地开展青少年体能训练至关重要。

一 力量素质发展的敏感期

青少年力量素质的发展明显受到年龄因素和性别因素的影响。在肌肉的快速增长期，是青少年发展力量素质的最佳时期。由于男子和女子的肌肉快速增长的开始时期以及周期长度都不尽相同，因此要分别进行研究。

就目前的研究情况来看，一种认为，女子发展上肢力量素质和腰腹力量素质的敏感期出现在10—11岁之间，下肢力量的敏感期为8—10岁。上肢力量的敏感期为12—13岁，腰腹力量的敏感期为13—14岁，下肢力量的敏感期为11—13岁。也就是说，女子的力量发展敏感期要早于男子。

二 灵敏素质发展的敏感期

人体的灵敏素质是由中枢神经系统控制的，青少年儿童发展灵敏素质的敏感期出现在7—12岁之间，尤其是他们的定向空间能力和节奏感非常好，因此很多跳水运动员、体操运动员、花样滑冰运动员等都是在这个年龄段开始进行专业训练的。12岁之后再发展灵敏素质会错过了人体的发育周期的黄金阶段，效果即便有所提高，也不会太理想。

三 速度素质发展的敏感期

人体的速度素质与神经系统的发育水平有着密切的关系。在7—11岁这一阶段，人体肌肉的神经反应速度非常好，因此，这是青少年发展速度素质的最佳时期。除了肌肉神经系统的影响之外，人体肌肉的生长特性也起到关键的作用。比如，处于10—13岁期间的青少年，其肌肉在骨骼上的附着点离关节较近，这一特点对提升速度素质非常有利。而到了14岁之后，肌肉的维度逐渐增加，收缩速度开始变得缓慢，发展速度的空间也变得有限。

综上所述，青少年身体发展速度素质的最佳年龄阶段为7—13岁期间。抓住这个黄金期，能够很好地提升青少年的速度水平。

四 柔韧素质发展的敏感期

人体的柔韧素质是由关节活动幅度的大小以及肌肉、肌腱和韧带等组织的伸展性决定的。关节的活动主要是由关节的生理结构决定，在5—10岁之间，人体的肌肉、肌腱和韧带等软组织还在发育的过程中，因此若此时进行训练的话，能够显著提升关节的活动幅度，整体上柔韧性就会更强。

五 耐力素质发展的敏感期

与其他身体素质相比，无论是有氧耐力还是无氧耐力，青少年发展耐力素质的敏感期都出现得较晚。因此,一般针对青少年的耐力素质的训练,大多都选择在16岁之后进行。

第三节 青少年体质健康现状

一 青少年体质健康状况

(一)青少年身体形态状况

青少年身体形态的状况是反映其生长发育状况的重要指标之一。身体形态主要包括人体的高度、宽度、围度、厚度等形态学指标,这些指标能够塑造青少年的体能外观基本表象,并反映人体骨骼、肌肉、内脏器官、神经系统等各组织器官的关系。

在青少年阶段,骨骼发育特点尤为显著。小学生的骨骼短细,软骨成分较多,骨化尚未完成,骨组织中水分和有机物成分所占的比例较大,因而骨的弹性与韧性较好,不易发生骨折,但坚硬性差,承受压力和肌肉拉力的能力较差,容易发生弯曲和变形。进入初中阶段,青少年的骨骼系统仍处于发育成长期,骨组织中水分和胶质较多,钙质较少,骨密度较薄,弹性和韧性好但坚固性差,容易弯曲变形。高中阶段则进入青春发育中后期,身体各器官、系统的结构与功能发育基本成熟,接近成人水平。

在现代社会的多元生活方式中,青少年的身体形态亦面临多重挑战。受不良生活习惯、运动不足等多重因素影响,部分青少年出现了不良身体形态,诸如驼背、脊柱侧弯、高低肩等现象。这些不仅影响了青少年的外在形象,更可能对其身体健康和运动能力构成潜在威胁。因此,对青少年身体形态的关注和改善显得尤为重要。家长、学校和社会各界需携手合作,通过强化体育教育、普及健康生活方式、纠正不良姿势等措施,助力青少年塑造健康的身体形态,推动其全面发展。对于已经出现身体形态问题的青少年,应及时采取干预和矫正措施，防止问题进一步加剧。

（二）青少年身体机能状况

青少年身体机能状况是衡量其生理健康与发育水平的核心标准，涉及多个生理系统的协同工作及其功能表现。在青少年时期，身体机能的发展呈现出独特的特点和规律，但同时也面临着一些挑战和问题。

青少年身体机能的核心组成部分之一是心肺功能。心脏作为循环系统的中枢，负责向全身各组织和器官输送氧气和营养物质。在青春期，心脏的发育与身体的整体生长保持同步，其横径和容量均有所增加，以适应身体快速生长的需求。同时，肺的发育也至关重要，负责吸入氧气并排出二氧化碳，维持身体的正常代谢。青春期时，肺活量会有明显的增加，使青少年能更好地适应高强度的运动和活动。然而在现代社会中，部分青少年可能因生活方式的变化和不良习惯的养成而面临心肺功能受损的风险。长时间久坐、缺乏运动、饮食不均衡等因素都可能导致心肺功能下降，增加患心血管疾病的风险。因此，家长和学校应引导青少年养成健康的生活方式，包括定期参与体育锻炼、保持合理的饮食结构等，以促进青少年心肺功能的健康发展。

除了心肺功能，造血功能也是青少年身体机能的重要组成部分。在青春期，骨髓的造血功能活跃，红细胞和血红蛋白的数量均有所增加，为身体提供充足的氧气和营养。但不良的生活习惯，如过度节食、偏食等，可能导致营养摄入不足，影响造血功能的正常发挥。因此，青少年应保持均衡的饮食，摄入足够的营养物质，以维持正常的造血功能。

除此之外，神经系统在青少年身体机能中也扮演着关键角色。青春期时，大脑皮质的内部结构和功能发育得更加复杂和完善，使青少年的思维、记忆、情感等方面都得到了显著的提升。但学业压力、社交压力等因素的影响可能导致部分青少年出现神经衰弱、失眠等问题，进而影响神经系统的正常功能。家长和学校应关注青少年的心理健康，为他们提供足够的支持和帮助，以促进神经系统的健康发展。另外，还需要关注青少年身体机能的整体表现，如最大摄氧量、肌肉力量等。这些指标能够反映青少年的体能状况和运动能力。受不良生活方式的影响，部分青少年可能出现体能下降、运动能力减弱等问题。为改善这一状况，青少年应积极参与体育锻炼，加强身体锻炼和体能训练，以提升整体身体机能。

（三）青少年身体素质状况

青少年的体质状况涉及力量、速度、耐力、柔韧性、平衡性、灵敏性等多个方面。青春期作为身体发育的重要阶段，青少年在此时期面临着多方面的压力和挑战，包括学业、社交和心理等方面。

在力量层面，青少年在青春期的肌肉力量和爆发力有显著增长。通过科学、合理的体育锻炼和力量训练，可以有效提升肌肉力量和耐力，为其未来的学习与生活奠定坚实基础。然而也需警惕过度训练或不当训练方式可能引发的肌肉拉伤抑或损伤风险。

在速度方面，青少年的反应速度和运动速度在青春期也有明显提升，使其在各种运动和活动中表现得更为敏捷和迅速。但部分青少年可能因缺乏锻炼或运动方式不当而导致速度素质下降。因此，家长和学校应积极鼓励青少年参与体育活动，以提升其速度素质。

关于耐力，青少年的身体逐渐适应长时间的运动和活动。青少年通过参与有氧运动如长跑、游泳等，可以有效提升心肺功能和耐力水平。现代生活方式中久坐不动的现象较为普遍，这导致部分青少年的耐力素质较差。为改善这一状况，青少年应增加日常运动量，积极参与耐力训练。

此外，柔韧性、平衡性和灵敏性也是青少年体质的重要组成部分。提升柔韧性有助于减少运动损伤风险，改善平衡性有助于提高身体稳定性与协调性，而提升灵敏性则使青少年在应对突发情况时更为迅速和灵活。这些素质的培养需通过多样化的运动和锻炼方式实现。

现代生活方式的变化对青少年体质产生了负面影响。不良的饮食习惯、缺乏运动、长时间使用电子产品等因素均可能导致体质下降。因此,家长、学校和社会应共同努力,为青少年营造良好的运动环境和生活氛围,促进其积极参与体育锻炼,以改善和提升体质。

针对不同年龄段的青少年,家长和教育工作者应制订个性化的锻炼计划,根据青少年的生长发育特点和兴趣爱好选择合适的运动项目。同时,社会层面要加强体育教育和宣传,提升青少年对身体健康和锻炼的认识与重视程度,也是改善青少年体质状况的重要途径。

二 青少年出现体质健康问题的原因

(一) 个人缺乏健康意识

青少年时期,往往因自恃年轻,对自身健康问题掉以轻心,误以为疾病只是别人的事,与自己毫无干系。因此,他们常常忽略了对自身健康状况的关注和照顾。除此之外,由于心智发育尚未健全,意志力相对薄弱,青少年更容易受到外界各种不良诱惑的侵蚀。比如,他们可能因偏食而营养不均衡,或是沉迷于电子游戏而长时间久坐不动,更有可能因为觉得体育活动太累而拒绝参与。同时,青少年对健康知识的缺乏,也导致他们无法获取必要的健康信息,进而不知道如何维持一个健康的生活方式。

(二) 家庭教育的缺失

在当前高考竞争日益激烈的背景下,家长们普遍将学业视为青少年生活的重中之重。因此,补习班和兴趣班充斥着学生的日程表,占据了他们原本用于体育锻炼和休息的时间。与此同时,受生活节奏不断加快、心理压力日益增大以及健康生活意识薄弱等多重因素影响,许多家长自身也未能形成健康的生活习惯,无法为学生树立起健康生活的典范。在家庭教育中,缺乏对青少年健康生活方式的教育和引导已成为导致青少年体质逐渐下降的重要因素之一。

(三) 学校教育的缺失

青少年时期是塑造个人兴趣特长的黄金阶段,其中体育特长的培养与运动习惯的养成显得尤为重要。为了激发青少年对体育运动的热情与投入，家庭、学校和社会理应在这一时期为他们提供恰当的引导与支持。然而，当前的教育实践中却存在一个不容忽视的问题：受高考压力的影响，许多学校过分侧重于文化课程的教学，导致体育课程被边缘化。这种现象不仅表现为体育课形式化，让学生自由活动，更有甚者，体育课被其他课程所挤占，失去了应有的地位。在这样的教育环境下，学生们难以体会到体育运动的重要性，因而难以培养起对体育的热爱，更无法形成良好的运动习惯。这不仅对学生的身心健康产生负面影响，也限制了他们全面发展的可能性。因此，有必要对教育实践进行重新审视与调整，为青少年培养体育特长和养成运动习惯创造更加有利的条件。只有这样，才能确保青少年在成长的道路上既拥有扎实的文化知识，又具备强健的体魄和。

（四）其他原因

随着社会的不断进步和生产力水平的持续提升，人民的物质生活日益丰富，但这也带来了营养过剩的隐忧。与此同时，在激烈的社会竞争环境下，学生的学业压力与日俱增，他们将大部分时间倾注于科学文化知识的学习，从而缺乏足够的时间参与体育锻炼。尽管科技进步为民众提供了多样化的娱乐方式，但传统的体育锻炼型娱乐活动在青少年中的吸引力在逐渐减弱。相反，电子产品的普及使得青少年长时间沉迷于游戏和手机，这不仅会诱发颈椎、腰椎健康等问题，更可能打乱他们的作息规律，给身体健康带来更大的潜在威胁。因此必须高度重视这一问题，采取积极有效的措施来引导青少年树立健康的生活方式，平衡学习与锻炼的时间，确保他们的身心健康得到全面发展。家庭、学校和社会应携手合作，为青少年创造更多参与体育锻炼的机会和条件，培养他们养成良好的体育锻炼习惯，共同守护他们的健康与成长。

（五）体质测试落实不到位

尽管学校体质健康测试的历史悠久，但其执行效果却未能达到预期。一些学校将体质测试视为上级的任务，仅关注测试流程的表面形式，而忽视了其提高学生体质健康的真正目的。同样，学生也未充分认识到体质测试的重要性，只是将其视为临时性任务，没有意识到提升个人身体素质的重要性。在教学环节中，学校未能将体质测试指标与教学任务紧密结合，虽然这些指标是评价学生体质健康状况的关键要素，但学校却未能针对这些指标开展相应的教学活动，导致体质测试的反馈信息未能充分发挥其应有的指导作用。因此，需要重新审视学校体质健康测试的实施情况，强化其宗旨和目标，确保测试结果的准确性和有效性，以更好地指导学生提升身体素质。

第四节　影响青少年体质健康的因素

影响青少年体质健康的因素是多方面的，概括来说，主要包括五个方面。

一　生物遗传因素

遗传是人体发育的关键先决条件，对个体体质的发展产生深远影响。现代生物学研究证实，细胞核染色体中的 DNA，即脱氧核糖核酸，承载着遗传信息。子女通过继承父母的 DNA，从而呈现出与父母相似的遗传特征。众多人体体质特征，包括形态和肤色等，均受到遗传的显著影响。然而，不同体质特征的遗传程度各异。研究表明，人体形态约有 75% 受遗传决定，而有氧代谢能力和摄氧能力则有 75%—95% 受遗传影响。此外，个体的身体素质和运动能力亦与遗传密切相关。因此，遗传在决定体质强弱方面占据核心地位，多数体质特征均受遗传主导。但遗传学亦强调，个体的外在表现是遗传因素与环境因素共同作用的结果。为了衡量遗传因素和环境因素对某一特定体质特征的影响程度，科学家们引入了遗传度这一概念。遗传度指的是某一性状在总变异中遗传因素所占的比例，通常以百分比表示。高遗传度意味着该性状受遗传因素的影响更为显著。

二　文化环境因素

文化大环境对体质的发展状况具有深远的影响。随着社会飞速进步，经济文化条件的日益丰富，再加上现代交通环境越来越便捷，选择骑车或步行出行的人数逐渐减少，这使得人们进行体育锻炼的时间大幅缩减。同时，电脑、智能手机等电子设备的普及，也占据了人们原本用于参与体育活动的宝贵时间，使得娱乐活动日趋单一化。在这种背景下，人们对自身体质发展状况的关注度逐渐降低，在空闲时间积极投入体育锻炼的人数也在减少。

在我国文化发展的宏观背景下，中华传统文化在促进体质健康方面所发挥的作用相对有限，公众对于通过体能锻炼来提升体质的意识和观念尚显不足。因此，我国公民的体质健康水平呈现出一定的下降趋势。此外，随着网络文化的兴盛和网民数量的持续增长，越来越多的人将原本在室外进行的健身活动转移至室内，导致在实际运动训练中出现了理论与实践脱节的现象，体能训练效果不尽如人意，对个体的体质发展产生了显著的负面影响。

三　学校因素

学校因素对青少年体质健康的影响不容忽视且多元化。学校作为青少年成长的核心场所，其教育环境、课程设置、体育设施及校园文化等诸多方面，均对青少年的体质健康产生深远影响。

首先，学校教育环境对青少年体质健康产生直接作用。一个积极、和谐且健康的教育环境，为青少年提供了身心发展的优良条件。在这样的环境下，青少年能体验到学习的乐趣，并积极参与各类活动，包括体育锻炼，进而促进他们的体质健康。反之，如果学校教育环境不良，如存在欺凌、压力过大等问题，就会导致青少年出现心理问题，影响其身体健康。

其次，学校的课程设置亦会对青少年体质健康产生重要影响。合理的课程设置应包含充足的体育课时，以确保青少年能进行足够的体育锻炼。体育课不仅能增强青少年的身体素质，还能培养他们的团队合作精神和竞争意识，对青少年的全面发展具有积极意义。如果学校过分注重文化课成绩，忽视体育课的重要性，可能导致青少年缺乏锻炼，体质下降。

再次，学校体育设施的完备程度对于青少年的体质健康具有至关重要的影响。优质的体育设施能够为青少年提供丰富多样的运动选择，满足不同个体的运动需求。例如，配备齐全的足球场、篮球场、游泳池等设施，可以使青少年在不同种类的运动中感受到乐趣，进而激发其参与运动的热情。相反，如果学校体育设施匮乏或陈旧，可能会限制青少年的运动选择，从而影响其锻炼效果。

最后，学校的校园文化对青少年体质健康亦具有显著影响。一个积极且重视体育文化的校园环境，能够充分激发青少年参与体育锻炼的自觉性和热情。为了营造浓厚的体育氛围，学校可以举办各类体育竞赛和运动会等活动，使青少年亲身体会运动的魅力。此外，学校还应加强健康教育的宣传工作，以提升青少年对体质健康重要性的认识，并促使其更加关注自身的体质状况。

目前，部分学校在教育实施过程中，存在过分侧重学术成绩的问题，体育课的时间被削减甚至忽视，这对青少年的体质健康产生了不良影响。另外，部分学校的体育设施存在老化、维护不足的情况，这也在一定程度上限制了青少年进行体育锻炼的机会。这些问题都应引起校方的高度关注。因此，学校应充分认识到体育对青少年体质健康的重要性，加大投入力度，改善教育环境和设施条件，为青少年的健康成长创造更好的条件。

四 家庭因素

（一）家庭教育的影响

人一生下来就受到家庭环境的重要影响，这种影响深远且持久，甚至可以说是塑造人一生的关键所在。一个良好的家庭环境氛围，不仅能为青少年提供物质上的满足，更能在精神层面给予他们滋养和支持，促进他们全面、健康地发展。

家庭作为青少年成长的重要场所，其教育方式和氛围对青少年的身心发展起着至关重要的作用。在我国，众多家庭在青少年的健康教育方面存在一定的短板。这种短板不仅表现为对健康教育缺乏必要的关注，同时也体现在某些不适宜的教育方式上，这些均对青少年的身心健康发展造成了不利影响。部分家长过于强调孩子的学业成绩，将应试教育的模式延伸至家庭教育中，他们过度聚焦孩子的智力教育，却忽略了心理健康教育和体育教育的重要性。这种以成绩为主导的教育方式，往往造成青少年缺乏运动锻炼，身体素质下降，甚至可能诱发一系列心理问题。此外，部分家长在教育方式上确实存在显著不足。有的家长溺爱子女，对子女的需求无条件满足，这种做法无疑剥夺了青少年独立成长和自我约束的机会；而另一些家长则采取放任自流的态度，缺乏必要的引导与监督，这样的教育方式也增加了孩子误入歧途的风险。这些不良的教育方法都会对青少年的身心健康产生极为不利的影响，可能诱发各种健康问题。

家长的综合素质对青少年的身心健康产生着直接且深远的影响，这种影响甚至可以说是终身的。因此，家长和教育工作者必须高度重视青少年的家庭教育，认识到家长在青少年成长过程中的重要作用。

家长的思想、行为、情感等方面都会影响青少年。作为子女的首任教育者，家长的言行举止、待人接物的方式、处理问题的方法等，均为子女模仿和学习的对象。若家长品德高尚、心态平和，并能妥善处理各类复杂人际关系，那么他们的子女往往会受到积极的影响，塑造出健康的人格和良好的行为习惯。反之，若家长综合素质欠佳，缺乏正确的教育方法和理念，子女的身心健康问题便可能随之而来。

在具备高素质的家庭环境中，家长会高度重视子女的全面发展。他们不仅关注子女的学业成绩，而且还注重培养子女的兴趣爱好、社交能力、情绪管理能力等多元化素质。这种家庭氛围对子女的身心健康发展和个人成长极为有利，有助于他们建立自信、提升自我认知和自我调节能力。家长亦会积极参与子女的成长过程，与子女共同成长，建立稳固而亲密的家庭关系。若家长的综合素质有所欠缺，可能会对子女的成长产生一定的负面影响，如部分家长可能过于强调子女的学业成绩，而忽略子女的身心健康和全面发展；部分家长则可能缺乏正确的教育理念和方法，导致子女出现心理问题或行为问题。这些问题不仅会对子女的身心健康造成不利影响，还可能对子女的未来发展轨迹和人生道路产生深远影响。

值得强调的是，家长与青少年之间的相互作用亦具有显著意义。具备高尚品质的青少年能够给家长带来正面的启示，推动家庭环境的融洽与安定。青少年的不良行为或习惯也可能对家长产生消极影响，进而加剧家庭关系的紧张程度，甚至导致破裂。因此，为了推动青少年的身心健康发展，家长必须首先从自身出发，不断提升个人的综合素养。家长应积极学习新知识，更新观念和意识，保持与社会的同步发展，还需注重个人的品德修养和心态调整，以积极、健康的心态应对生活中的各种挑战和困难。同时，家长还需要关注子女的成长需求，了解子女的心理特点和行为规律，采用科学的教育方法和手段引导子女健康成长。

(二) 家庭环境的影响

家庭环境对个人成长和发展的影响，就像春雨对大地，虽无声无息，却深入骨髓，其深远程度难以用言语来估量。一个优质的家庭环境，如同阳光和雨露，对青少年的身心健康起到至关重要的滋养作用,促使他们在健康、愉悦的氛围中茁壮成长。这种健康并不仅仅局限于身体层面的强壮,更延伸至心理层面的健全以及社会适应能力的全面提升。不良家庭环境如贫瘠的土壤,阻碍青少年情感与个性发展。家庭经济困难或关系破裂可能导致孩子内向、自尊心过强、抑郁,影响学习和生活,这凸显了家庭环境在孩子成长中的重要性。

为了保障青少年的身心健康与全面发展,家长必须予以足够的重视,并付诸实践。他们应致力于为孩子创造一个和谐、温馨的家庭环境,让孩子在这样的氛围中感受到关爱与支持。这样的环境将对青少年产生积极的影响,使他们能够以积极的心态去应对学习和生活中的各种挑战。

家长还需注意维护与孩子之间的良好关系。若父母关系紧张,孩子往往会感到压抑和不安,进而对其身心健康产生不良影响。家长应学会倾听孩子的心声,理解他们的需求和感受,并及时解决他们所面临的问题。通过这样的互动与沟通,家长能够共同为青少年的健康成长营造更加优质的环境。只有这样,才能真正为孩子的健康成长保驾护航。

五 个人因素

概括来说,个体因素主要体现在个体心理与个体生活方式两个方面。

(一) 个体心理

一般来说,影响青少年身心健康的个体心理因素主要有三个方面。

1. 意识

当前有一部分青少年缺乏必要的锻炼意识与习惯,他们在日常生活中很少或从未参与过体育锻炼。这种情况的背后,可能有多重原因。一方面,现代社会的快节奏生活使得许多青少年沉迷于电子产品和网络世界,他们更愿意在虚拟的空间中度过时间,而非走出户外进行体育活动。另一方面,学业压力巨大,使得许多青少年将大部分时间投入学习中，无暇顾及体育锻炼。

体育锻炼对于青少年的身体健康发展具有至关重要的影响。通过锻炼，青少年的体质可以得到有效增强，抵抗力也会相应提升，从而一定程度上预防疾病的发生。此外，体育锻炼还能促进新陈代谢，改善心肺功能，提高身体各系统的协调性。相比之下，缺乏体育锻炼的青少年，其体质往往较为薄弱，容易感到疲劳，抵抗力降低，更容易罹患疾病。

部分青少年虽然偶尔参与体育锻炼，但由于运动能力有限，他们常常感到力不从心，难以达到预期的锻炼效果。这可能是由于长期缺乏锻炼，导致他们的运动基础不扎实，或是由于身体条件的限制，无法完成高强度的运动。在锻炼过程中，他们可能会体验到挫败感和失落感，这将进一步影响他们对体育锻炼的积极性和信心。

针对以上情况，教育工作者必须给予充分的重视和关注。首要任务是加强青少年的体育锻炼意识教育，使他们深刻理解体育锻炼对身体健康的重要性。其次，应当为青少年提供更多的锻炼机会和平台，例如举办多样化的体育活动和比赛，以吸引他们积极参与。此外，还应根据青少年的身体状况和运动能力，制订个性化的锻炼计划，以帮助他们逐步提升自己的运动能力，并取得更好的锻炼效果。

2. 认知

从心理学的深层次剖析，人的情绪与行为反应并非仅由单一事件触发，而是受到个体对于应激事件的独特认知与态度的深刻影响。这意味着，在面对相同的情境时，不同的个体因其各异的生活经历、价值观个性，会产生截然不同的解读方法和情感反应。以考试失败为例，对于某些学生，这可能被视为一个学习的契机，从而调整策略、积极应对；然而对于另外一些学生，则可能会引发沮丧和自卑，甚至产生逃避学习的行为。这种差异化的思维和看法，进一步塑造了人们的情绪体验。积极的思维方式通常带来乐观、自信的情绪状态，而消极的思维则可能诱发焦虑、沮丧等负面情绪。情绪，作为个体内心的指南针，对人们的行为选择和决策具有深远的影响。因此，人的情绪和行为在很大程度上受到自身思维和观念的塑造。

对于青少年而言，他们正处于身心发展的关键阶段，面临着学业、人际关系、自我认知等多重挑战。在这一时期，不合理的认知或错误观念很容易引发情绪问题和行为问题。不合理的认知可能表现为过分关注他人评价、自我能力缺乏信心、对未来充满恐惧等，这些认知扭曲了青少年对现实的感知，使他们难以正确应对生活中的突发事件。而错误观念则可能源于家庭、学校或社会环境的影响，导致青少年对某些事物产生偏见或误解。

有效应对青少年的情绪和行为问题，需要从改变他们的思维和观念入手。引导青少年建立积极、合理的认知模式可以使其更好地应对生活中的挑战和困难。教育工作者还需要关注青少年的心理健康，及时发现并纠正他们的不合理认知和错误观念，为他们的健康成长提供坚实的支持。

3. 人格

青少年不良习惯或身心疾病的形成也与其内在的人格特质紧密相关。人格，作为个体内在心理特征和行为模式的综合体现，对青少年的成长轨迹具有深远的影响。

临床心理学研究显示，性格类型与身心疾病的发病率之间存在微妙的联系。不同性格类型的青少年在面对压力、挑战和困境时，会展现出不同的反应和应对策略。具备积极、乐观、坚韧性格的青少年，往往能够更好地适应生活中的各种困难和挑战，从而保持身心的健康状态。相反，性格内向、孤僻、自卑或过于敏感的青少年，在面对压力时可能更容易产生消极的情绪和应对方式，进而增加罹患身心疾病的风险。个性与心理健康之间的关系复杂而密切，良好的个性特征如自信、开朗、善于沟通等，不仅能够提升青少年在人际交往中的受欢迎程度，还有助于他们更好地应对生活中的各种挑战，维护身心健康。因此，对于青少年而言，培养良好的个性特征具有至关重要的意义。家长、老师和社会各界应当携手合作，为青少年营造一个积极、健康、和谐的成长环境，引导他们树立正确的人生观和价值观，培养他们自信、乐观、坚韧的性格品质，以应对生活中的各种挑战和困难，维护身心健康。同时，对于已经存在不良习惯或身心疾病的青少年，应当从改善个性入手，通过心理干预、行为疗法等手段，帮助他们调整心态，改变不良习惯，恢复身心健康。

（二）个体生活方式

在现代社会背景下，许多青少年都陷入了不良生活方式的漩涡中。这些不良习惯对青少年的体质健康造成了严重的威胁，给他们的长远发展蒙上了一层阴影。吸烟、饮酒、无节制上网、食用垃圾食品以及作息不规律等不良生活习惯在青少年群体中颇为普遍。这些行为背后可能出于好奇、模仿或追求某种心理满足，但它们对青少年的身心健康发展构成了严重威胁。

吸烟不仅损害肺部健康，增加罹患心脏病的风险，还对心血管系统造成不良影响。青少年在尝试吸烟时，往往忽视了这些长远的健康风险。同样，饮酒对青少年的大脑发育和身体健康亦具有显著负面影响，可能导致记忆力减退、学习能力下降，甚至引发肝脏疾病等严重后果。

现代青少年普遍存在的无节制上网问题也不容忽视。过度沉迷于网络游戏、社交媒体等虚拟世界，不仅影响现实生活的人际关系，还可能导致视力下降、颈椎病、肥胖等健康问题。

在饮食习惯方面，许多青少年偏好高热量、高脂肪、高糖分的食物，而忽视了营养均衡和饮食健康。长期下去这种不良饮食习惯可能引发营养不良、肥胖、糖尿病等健康问题。

青少年不规律的作息习惯对其健康造成了诸多不利影响。长时间熬夜进行学习、工作或娱乐活动，会扰乱其生物钟，降低睡眠质量。长期的睡眠不足不仅对青少年的大脑发育和学习记忆能力产生负面影响，还可能削弱其自身免疫力。

综上所述,这些不良生活习惯对青少年的健康成长造成了严重的威胁。它们不仅危害了青少年的身体健康,还可能影响其心理健康和社会适应能力。因此,家长、老师和社会各界必须高度关注这一问题,积极引导并帮助青少年纠正这些不良习惯,建立起健康的生活方式。这包括强化健康教育,提升青少年的健康意识,并提供必要的支持和资源,以协助他们培养良好的生活习惯。

第二章 青少年体能锻炼促进体质健康的作用与理论

当今社会，随着生活节奏的加快和竞争压力的增大，青少年的体质健康问题日益受到人们的关注。体能锻炼作为促进青少年体质健康的重要手段，已经成为教育领域和体育领域的研究热点。本章将重点探讨青少年体能锻炼对体质健康的促进作用及其相关理论。

第一节 体能锻炼促进青少年体质健康的作用

青少年时期是身体发育和素质提升的关键时期。体能锻炼作为促进青少年体质健康的重要手段，其对促进青少年体质健康的重要作用主要包括八个方面。

一 促进青少年生长发育

青少年时期是身心发展的黄金时期，必须高度重视体力与智力的全面培养。参与多样化的运动锻炼，不仅能够增加体力活动量，培养起体能锻炼的良好习惯，更对青少年的生长发育和身心健康产生积极而深远的影响。

在青少年身体骨骼发育过程中，运动锻炼扮演着举足轻重的角色。骨骼的生长离不开运动产生的力量刺激，这是促进骨骼发育的关键因素。当青少年进行运动时,肌肉的收缩和重力的变化会向骨骼组织传递生长信号,这些信号的强度与骨骼的生长反应直接相关。因此,那些积极参与运动的青少年往往能够获得更为显著的生长发育成果。

为了让青少年在身心发展的关键阶段得到全面发展,应鼓励他们积极参与多样化的运动锻炼,以促进骨骼的生长发育,提升身体素质,并培养良好的锻炼习惯。

二 改善循环呼吸功能

在进行运动时,人体的呼吸系统和循环系统会相应地加快工作节奏。具体表现为呼吸频率加快,心跳加速,心脏输出的血量增加,肺部吸入的气体量也相应增加。这些生理变化使得肺泡活动增强,让更多的肺泡参与到气体交换的过程中,从而提高了血液中氧气的含量。这种生理状态有利于促进新陈代谢,增强人体对环境的适应能力。

值得注意的是,呼吸效率的提高并不意味着呼吸频率的加快。相反,呼吸效率越高,呼吸频率反而会适当降低。这是因为高效的呼吸能够让呼吸肌得到更充分的休息,从而进一步提高工作效率,维持更高的身体活动能力。这种状态下的运动,不仅有益于身体健康,还能够提高运动表现。

三 改善血液循环系统

血液循环在人体中起着至关重要的作用,它负责向各个器官输送氧气和各类必需的营养物质,从而确保这些器官能够维持其正常的生命活动。当人体处于运动状态时,对氧气和能量物质的需求会大幅增加。为满足这一需求,心脏会通过增加血压来增强血液循环,从而向身体各部分提供更多的养分。长期参与运动健身活动能够使心脏得到更加充分的锻炼,进而改善整个循环系统的功能。这样的锻炼能够使心肌变得更为强健,能够有效降低心血管疾病的发生概率。此外,运动还能使血管更具弹性,管径扩大,从而增强其输送血液的能力。

运动还能通过消耗脂肪和降低体重来优化血脂水平。具体而言,它能够降低血液中低密度脂蛋白的含量,增加具有保护作用的高密度脂蛋白的含量。这些变化有助于维持血管的弹性和通畅度,进而降低血压,并有效降低罹患相关疾病的风险。

四 促进消化系统发展

科学运动健身不仅有助于消耗体内营养物质,还能有效提高机体代谢率,进而刺激食欲,使身体对营养的需求更为旺盛。持续且适度的运动锻炼能够强化神经—体液调节系统,增强血液循环功能,为身体各部位输送更多的氧气和营养物质。此外,深而慢的呼吸方式在运动过程中发挥着重要作用。这种呼吸方式能够促进膈肌大幅度升降,并与腹肌协同工作,对胃肠和肝脾等消化器官产生良好的按摩效果。这不仅能够改善消化系统的功能,还能促进食物的消化和营养物质的吸收,使身体得到更为充分和均衡的营养供给。

五 促进神经系统发展

运动锻炼对于青少年大脑功能的全面发展具有至关重要的作用。通过参与体育锻炼,青少年的神经系统的发展得以有效促进,特别是对其想象力、空间思维以及组织规划能力的提升有着不可忽视的影响。因此,家长应当鼓励并引导青少年培养积极的运动习惯,这不仅有助于优化大脑的工作效率,还能进一步提升青少年的学习效能。

人体神经系统是一个复杂的网络,包括由脊髓和大脑构成的中枢神经系统,以及遍布全身的外周神经系统。这一网络负责调控人体的各项生理活动,确保各器官系统能够协同工作。体能锻炼对神经系统的影响主要体现在以下两个方面。

第一个方面,体能锻炼有助于提升神经系统的反应速度和精确度。在锻炼过程中,神经系统通过精确控制和支配肌肉、关节等运动部位，确保动作完成的准确性和流畅性。神经系统还具备监测功能，能够评估动作的完成情况，促使相关部位的动作更加精准和敏捷。

第二个方面，体能锻炼对于提升神经系统的反应速度以及调节能力具有显著作用。在进行锻炼时，身体的各个部分需要相互协调，这种协同作用有助于推动左右脑的均衡进步。同时，锻炼过程中所涉及的各种刺激因素，能够有效锤炼神经系统的反应机制，使其在面对多变的环境条件时，能够迅速做出适应性反应，并展现出更为强大的调节功能。举例来说，当外部环境温度上升时，神经系统会迅速调整皮肤血液流量以及毛孔的开关状态，以促进汗液的排出，从而达到有效散热的目的。

六 促进身体健美、助于增肌减脂

经常进行体能锻炼的青少年，不仅能增强体质，而且对塑造健美的身材也有直接作用。长期进行体能锻炼能使肌肉发达，身体各部位得到很好的发育，从而达到体型美、动作美的效果。比如经常进行篮球、足球等运动的男生，一般都比较结实健硕，身材挺拔、强壮。在外形上就给人以阳光、开朗的健康感觉。而坚持进行体能锻炼的女生，则一般身材紧致、丰满，充满青春活力，而且皮肤充满光泽，健康而美丽。

体能锻炼与节食减肥和药物减肥不同，是最有效的减肥方法，体能锻炼能够加大对体内脂肪的消耗，促进体内多余脂肪的氧化分解，在消耗脂肪的同时还增强了肌肉。拥有适当的肌肉，是健康的基本指标，肌肉不仅能保护骨骼、维护身体各项机能的正常运转，而且对促进机体的整体健康具有明显作用。

总之，无论男生还是女生，坚持进行运动锻炼的青少年更容易具有健硕健美的身材，给人以身心健康、充满活力的感觉，同时实现增肌减脂的双重效果。

七　舒缓情绪、愉悦身心

青少年在生活中也免不了要承受来自各方面的压力，使精神处于紧张状态。体能锻炼能起到缓解紧张、释放压力的作用。青少年由于学业压力大，无论是升学还是考试，一股无形的压力始终挥之不去，近些年来不断地有青少年因无法应对学业压力而轻生的可悲事件发生，这引起了社会的广泛关注。其实，除了减轻学业压力，对青少年及时进行心理疏导之外，让他们多多开展体能锻炼也是一个重要的途径。因为人体在进行体能锻炼时，大脑会分泌一种叫"内啡肽"的物质，这种物质可以有效缓解疼痛，抑制低落情绪，使神经系统处于一种兴奋的状态。

八　能够有效预防疾病

通过科学的方式运动能显著提升个体的健康水平。运动不仅能够强化人体的内循环和内分泌系统，确保各器官在最佳状态下运作，还能显著提升人体的免疫力，从而增强对疾病的抵抗力。当人体进行运动时，血液循环明显加快，这促使淋巴细胞、吞噬细胞、白细胞介素等关键免疫细胞和因子的数量增加。这些细胞和因子协同工作，能有效阻止、消灭和清除侵入体内的细菌、病毒等，从而维护身体健康。此外，运动还能促进骨髓快速生成白细胞，增加白细胞的数量。一旦体内出现癌细胞，这些白细胞会迅速行动，消灭癌细胞，降低疾病风险。同时，运动有助于降低血液中的糖分含量，促进胰岛素的产生，对预防糖尿病具有显著效果。糖尿病是一种血糖持续升高的慢性疾病，而运动能促进糖的代谢，消耗体内糖分。对于肥胖问题，运动结合合理的饮食控制是最有效的解决方法。不仅如此，运动还能对其他多种疾病起到良好的预防作用，为人们的健康提供坚实的保障。

青少年加强体能锻炼，能够促进身体素质的提高，加强身体机体的健康发育，对青少年的肌肉组织、骨骼的生长极为有益，并且对增强免疫力、心肺功能、循环系统、代谢系统等都具有明显的促进作用。因此，体能锻炼能有效预防各种疾病，促进青少年的健康成长。

第二节 青少年体能锻炼的理论基础

一 青少年体能锻炼的生理学基础

（一）新陈代谢

1. 水代谢

水，被誉为生命之源，是维持人体正常运作不可或缺的重要营养素。在人体中，水的含量占据了绝对的主导地位，几乎构成了人体体重的绝大部分。作为如此关键的人体组成部分，保持体内的水分平衡对于维持人体的正常功能至关重要。

通常，人体所需的水分主要源于外界摄入的水和食物中所含的水。当然，人体自身也能通过新陈代谢过程产生一定量的水，虽然这些水分相对较少，但它们也发挥着不可忽视的作用。水分的排出主要经由尿液排出体外，这是人体水分代谢的主要途径。除此之外，排汗、排便以及呼吸也是人体排除多余水分的重要方式。在运动过程中，随着体内热量的逐渐累积，为了保持体温的稳定，人体会启动排汗机制，将多余的热量以汗液的形式排出体外，从而实现水分的有效调节与代谢。

对于经常参与体能锻炼的青少年而言，他们在锻炼过程中会消耗大量的水分。因此，了解和学习水代谢的基本原理，对于他们科学、有效地进行体能锻炼具有极其重要的意义。通过掌握这些知识，青少年们能够更准确地判断饮水时机和饮水量，从而在锻炼过程中及时补充所需的水分，保持身体状态的良好，从而提升锻炼效果。

2. 糖代谢

糖类作为人体不可或缺的能量供给来源，主要源自植物与动物性食物。在消化环节，糖类会在消化酶的作用下分解为葡萄糖分子，进而为人体吸收和利用。若摄入的糖类为果糖，其吸收与利用的过程则相对复杂，需根据具体状况进行细致的考量与分析。

血糖在生物体内扮演着重要的角色，主要是参与糖原的合成过程。糖原主要以两种形式存在，即肌糖原和肝糖原，它们各自存储在特定的部位，这一点从它们的命名中即可得到启示。值得一提的是，人体的肝脏还具有将非糖物质转化为葡萄糖或糖原的能力，这一过程被称为糖异生，对于维持血糖稳态起着至关重要的作用。

在日常生活中，个体从事的各类行为活动以及青少年的体能锻炼均伴随着能量的消耗。因此，保障能量的稳定供给与及时补充具有极其重要的意义，它是维持各项活动顺利进行不可或缺的重要环节。通常情况下，人体所需的能量主要源于糖的分解代谢过程，这一过程涉及有氧氧化、糖酵解等多种代谢形式。不同的代谢过程会在不同的时机被激活，并各具独特的供能特性。

即便活动量相对较小，也会对人体能量储备造成一定程度的消耗。在运动进行时，肌肉组织会首先动用 ATP（三磷酸腺苷）和 CP（磷酸肌酸）这两种高能物质。随后，为了确保能量的持续稳定供应，肌糖原将启动无氧分解过程，进一步调动体内的能量储备。这一系列有序的生理反应，确保了人体在运动状态下能够满足其能量需求。在此过程中，肌细胞内的钙离子浓度会有所上升，同时生长激素、甲状腺激素、雄性激素以及儿茶酚胺等生物活性物质也会相应增加。这些生理变化促使肌细胞产生适应性调整，进而提升 EK（烯醇化酶）、PFK（磷酸果糖激酶）、磷酸化酶等关键酶的活性。这些变化也为超量恢复理论提供了坚实的科学依据。

持续且高强度的运动训练后，人体内的糖分会被大量消耗。若未能及时补充，训练效果将不可避免地受到影响。因此，确保及时补充糖分至关重要。当人体内的糖储备维持在一个充足的水平，并且氧供应也充足时，糖的有氧代谢过程就能够为机体提供运动过程中所需的能量。这就是糖的有氧代谢的基本原理。

3. 脂代谢

脂肪在人们的日常生活及运动活动中具有不可或缺的地位。作为人体必需的重要营养素，脂肪主要源自食物中的动物脂肪与植物油。因其疏水性特性，脂肪在人体内的分解过程需要酶的协助或依赖外部摄入的乳化剂才能进行。与糖相比，脂肪的吸收与转化过程更为复杂。

在人体内，脂肪的吸收与利用起着至关重要的作用。脂肪微粒可以通过小肠上皮细胞的直接吞饮进入体内，或者在进入小肠上皮细胞后分解并重新合成，形成乳糜微粒。乳糜微粒和大分子脂肪酸主要通过淋巴管进行转运，而甘油和小分子脂肪酸则在溶解于水后被机体吸收。在脂肪吸收过程中，淋巴与血液扮演着关键角色，尤其是淋巴的吸收作用尤为重要。

吸收后的脂肪主要存储在皮下、大网膜及肌肉细胞中，同时也有少量脂肪以合成磷脂、糖脂和脂蛋白的形式存在于体内。这些储存的脂肪在人体需要能量时能够被动员起来，提供所需的能量。然而，值得注意的是，脂肪作为能量来源并非在运动后立即启动，而是需要满足一定的条件和时机。通常，只有在持续时间较长、运动强度适中或偏低的活动中，人体才会调动脂肪以提供所需的能量。

4. 蛋白质代谢

蛋白质是人体不可或缺的基本构成元素，其在细胞内占据重要地位。人体内部，蛋白质始终处于动态平衡之中，既要消耗，又要补充，以维持身体的正常运转。评估人体蛋白质代谢状况的一种常用手段是通过测量氮的摄入与排出量。人体的生理活动状态对蛋白质代谢具有直接影响。

对于健康的成年人而言，他们的蛋白质代谢往往达到"氮总平衡"状态，即蛋白质的合成与分解达到平衡。然而，青少年与成年人有所不同。青少年处于生长发育的关键阶段，其体内蛋白质的合成速度往往超过分解速度，导致氮呈现出正平衡状态，这是他们身体迅速成长的体现。相反，患有消耗性疾病的人，其蛋白质合成速度可能低于分解速度，导致氮呈现负平衡状态，这反映了他们身体在疾病状态下的代谢特点。

经过科学研究证实，经常参与体能锻炼的青少年，其蛋白质代谢会受到积极的影响。具体而言，体能锻炼不仅能够促进蛋白质的生成，为身体提供更多的构建材料，同时还能够加速骨骼肌蛋白质的合成，增强肌肉力量，使得青少年在运动中展现出更佳的表现。因此，适度的体能锻炼对于维护青少年身体健康和蛋白质代谢平衡具有至关重要的意义。

5. 维生素代谢

维生素在人体生长、发育和代谢中扮演着极为重要的角色。鉴于人体自身无法合成这些关键营养素，因此必须通过日常饮食来摄取。维生素的种类繁多，每一种都具有独特的化学结构和功能，它们在人体内的均衡摄入对于维持身体健康至关重要。值得注意的是，虽然维生素在人体中发挥着不可或缺的作用，但它们并不构成人体细胞的基本结构，也不直接参与能量供应。它们的主要职责是辅助体内能量代谢和各种调节过程，确保这些过程得以顺利进行。因此，必须重视维生素的摄入，保持均衡饮食，以维护身体健康。

维生素作为辅酶合成的关键成分，对于维持生命活动至关重要。一旦体内缺乏维生素，相关酶的催化作用将受到阻碍，可能导致代谢紊乱等健康问题。因此，确保适量摄入维生素至关重要。为了实现这一目标，人们应关注饮食的多样性，确保从食物中摄取充足的各类维生素。在某些特殊情况下，如患有疾病或营养不良等，可能还需借助膳食补充剂来满足维生素需求，从而维护身体健康。

6. 无机盐代谢

无机盐在人体内扮演着至关重要的角色。它们肩负着调节体内渗透压的重任，以确保体液的平衡状态；同时，无机盐还负责维护体内的酸碱平衡，保证身体内部环境的稳定性。在体液中，无机盐会解离成离子，包括阴离子和阳离子，这些离子在细胞代谢过程中具有不可替代的作用，为维持人体的正常生理功能提供了保障。

青少年阶段，对无机盐代谢基础原理的认知和掌握显得尤为重要。这不仅关系到他们能否科学补充这一关键营养素，更是他们进行运动训练时物质基础和保障的坚实基础。青少年应通过精心的饮食规划和适当的运动安排，确保体内无机盐的稳定供应，从而在运动中展现出卓越的表现。

（二）供能系统

1. 磷酸原系统

磷酸原系统是人体供能机制中不可或缺的一环。当人体细胞内的ATP（三磷酸腺苷）分解并释放能量后，磷酸肌酸（CP）会迅速分解，进而推动ATP的再生，形成一个高效的能量循环。这一过程极为短暂，无须氧气的参与，也不会产生乳酸，因此通常被称为"非乳酸能系统"。

生理学研究发现人体肌肉中的ATP-CP系统所提供的能量，仅能够支持大约8秒钟的高强度运动。这一特点凸显了磷酸原系统在供能方面的优势与局限：其供能速度快、功率高，但总量相对较小，持续时间有限。这一特性使得磷酸原系统在供能方式上与糖酵解系统存在显著差异。

2. 糖酵解系统

当机体进行超过8秒的高强度运动时，磷酸原系统作为短期内的能量供应开始显得捉襟见肘。为了持续满足运动所需的ATP合成，糖酵解系统成了关键的能量来源。在此过程中，肌糖原作为糖酵解系统不可或缺的原料，在分解葡萄糖的过程中会产生乳酸，并同步生成ATP。在有氧环境下，乳酸中的一部分会被线粒体氧化，从而释放出能量；另一部分则会转化为肝糖原进行储存。然而，在缺氧条件下，乳酸的生成虽然能够产生能量，但也会在体内逐渐积累。乳酸是一种强酸,其过度积累会破坏体内的酸碱平衡,导致肌肉工作能力减弱,进而引发身体疲劳。虽然糖原无氧酵解这种供能方式只能维持肌肉工作数十秒的时间,但在缺氧的情况下,它依然能够为身体提供急需的能量,发挥着不可替代的作用。简而言之,这一过程可以概括为:骨骼肌糖原或葡萄糖通过糖酵解生成 ATP 和乳酸,为身体在高强度运动中提供能量支持。

3. 有氧氧化系统

在人体运动过程中,若氧气供应充足,体内所需的 ATP 主要来源于糖和脂肪的有氧氧化。此过程释放的能量丰富,且可持续较长时间,故而有氧氧化系统成了运动供能的主要机制。

有氧氧化系统独特的供能特性使其成为长时间、高耐力运动的主要能量来源。对于青少年而言,耐力素质与有氧代谢能力和心肺功能密切相关,三者的协调作用尤为重要。参与运动训练时,青少年应深入理解并掌握有氧氧化系统的运作规律与特性,以便科学地进行训练,从而优化运动表现。

(三) 运动系统

1. 肌肉

肌肉,作为人体运动系统的核心组成部分,承载着各种动作和行为的实现。而肌纤维,正是构成肌肉的基本单元。当这些肌纤维有序地排列成肌束,并进一步聚集成肌肉时,便形成了人体运动的基础。

人体肌肉主要涵盖骨骼肌、平滑肌和心肌三大类别。其中,骨骼肌因数量众多,高达 600 余块,显得尤为突出。这些肌肉紧密地附着在骨骼之上,为人体各种动作提供源源不断的动力。骨骼肌还可根据其外形特征细分为长肌、短肌、扁肌和轮匝肌四种类型。每种类型均拥有其独特的功能和形态,共同构成人体复杂而精细的运动系统。

2. 骨

骨骼在人体中扮演着多重角色,其功能丰富多样。以下是人体骨骼的主要功能概述。

（1）支撑作用。骨骼在人体内构建起一个坚固的框架，支撑着整个身体，维持着人体的稳定形态。经过精细组合与连接，各种大小与形态的骨骼共同构建了完整的人体骨架。此骨架不仅稳固了人体的外部结构，而且承载着支撑内脏器官的重要职责，保证内脏器官维持在适当的位置。此外，这一支撑体系还为血管与神经的规律性分布提供了基础，从而保证它们能够顺利执行循环与传导功能。

（2）运动功能。人体运动系统中，骨骼扮演着至关重要的角色，犹如杠杆一般。在神经系统的精密调控之下，肌肉牵引骨骼并围绕关节运动轴进行活动，进而产生丰富多样的动作。这种独特的运动功能使得人体能够灵活自如地完成各种运动行为，实现不同动作和姿势间的转换。

（3）保护功能。体内器官受到保护的原因在于骨骼间的精密联结构建了体腔的壁障。以胸骨为例，它为心脏和肺脏等胸腔内重要器官筑起了坚固的防线；而骨盆则担任着保护膀胱和生殖系统等器官的重要职责。这种周密的保护机制，可有效降低外界因素对各器官的冲击与损伤，从而维护人体的整体健康状态。

（4）造血功能。在人体骨骼系统中，红骨髓担任着至关重要的造血职责。作为人体造血系统不可或缺的一部分，红骨髓承担着生成血液细胞的重要任务，以确保血液的正常循环与代谢。

（5）钙磷储存功能。骨盐中含有的钙、磷等微量元素在人体内的钙、磷代谢过程中发挥着至关重要的作用。作为这些元素的储存库，骨骼能够在需要时适时地释放它们，从而保持体内钙、磷的稳态。这种功能对于骨骼健康的维护、骨骼强度的增强以及其他生理功能的正常运转具有不可或缺的重要意义。

3. 关节

在人体运动系统中，关节发挥着至关重要的作用。几乎所有日常和运动行为都需要关节的参与。事实上，如果没有关节，人体的大部分动作都将难以实现。关节之所以能够实现灵活活动，离不开骨骼肌的牵引和带动。通过骨骼肌的收缩与放松，运动环节得以围绕关节的某一轴线进行，从而完成各种预期动作。这一过程充分展现了人体运动系统的复杂性和精密性。

对于青少年而言，关节的参与至关重要。在进行力量训练、有氧运动或柔韧性练习时，关节的灵活配合都是不可或缺的。通过积极参与体能锻炼，青少年不仅能够显著提高关节部位的活动能力，还能够增强关节囊和韧带的伸展性，使关节更加灵活自如。这对于提升运动表现和预防运动损伤具有显著益处。

二　青少年体能锻炼的心理学基础

青少年参与体能锻炼与其心理因素有着密切的关联，其中教育心理学和体育心理学等理论为体能锻炼提供了坚实的理论基础。

（一）教育心理学

教育心理学位于教育学与心理学之间，自19世纪末20世纪初以来，已逐渐发展成为一门独立的学科。该学科能独树一帜是因为其构建了独特的理论框架，并研发了专有的研究技术和方法。此学科的崛起与近代西方教育学家巧妙融合心理学研究成果以构建教学理论紧密相连，为教育心理学的发展筑牢了基石。德国心理学家赫尔巴特的著作，诸如《心理学教科书》与《普通教育学》，为教学心理学的发展注入了丰富的理论养分。尽管当时尚未明确采纳"教育心理学"这一术语，但教育学与心理学之间的紧密联系已然形成。赫尔巴特明确指出，教学可细分为教育的教学与非教育的教学，前者聚焦培养受教育者的道德品质、意志品质和性格特征；后者则主要致力于智育，即知识与技能的传授。无论何种类型的教学，心理学都为其提供了不可或缺的理论支撑，对人们的各项活动具有深远的指导意义。

对于受教育者而言，兴趣是一种关键的心理状态，它能够引导他们集中注意力，保持良好的情绪和精神状态。在现代教育中，兴趣的重要性日益凸显。人们参与某项活动时，是否对该活动感兴趣直接影响其最终成果。可以说,"激发兴趣"不仅是教育心理学的重要起点,也是青少年取得体能锻炼成功的关键所在。

(二) 体育心理学

动机,作为心理学中的核心要素,对个体的行为活动起着至关重要的引导与推动作用。人们参与任何活动,都深受动机这一心理因素的影响。动机,作为众多原因中的一个重要心理驱动力,对个体行为的激励效果尤为显著。在青少年的运动训练中,动机同样扮演着举足轻重的角色。

青少年参与形式多样的训练活动,正是众多学习动机共同作用的结果。动机主要分为两大类:直接动机和间接动机。

体育活动直接动机的形成,主要源自个体对体育活动本身的热爱与浓厚兴趣。这种动机不含任何功利色彩,仅出于个体对活动本身的热爱。以舞蹈为例,当学生对舞蹈怀有强烈的热情时,这种兴趣就会成为他们刻苦训练的直接驱动力。

间接动机,相较之下,具备明确的目的性,与个体意志和社会需求紧密相连。例如,学生参与舞蹈健身活动,其背后可能隐藏着增强体质、塑造身形或扩大社交圈等深层次目的。此类动机的驱动力往往超越单纯的兴趣,具有更为强烈的内在推动力。相较于直接动机,间接动机更为深刻且根本,它能够激发并维持个体的学习热情,使学生的学习积极性得以持久保持。因此,在青少年的运动训练中,教育者应巧妙地将训练的直接动机转化为间接动机,引导青少年深刻理解运动训练的意义和价值。这样的做法不仅有助于提升训练效果,更能激发青少年的内在动力,促使他们以更加积极、主动的态度投入到训练之中。

三 青少年体能锻炼的运动学基础

(一) 人体运动的力

1. 力的三要素

力,本质上描述的是物体之间的相互作用,这种相互作用在作于物体时会产生一定的效果。人体在运动过程中，力的表现可以归结为以下三个核心要素。

（1）力的大小，人体力量的强弱以及施加于器械上的力的大小，对于青少年的运动表现具有至关重要的影响。在跳高、撑竿跳高这样的运动中，青少年的力量大小直接关系到其跳跃的高度和动作的完成质量。

（2）力的方向，力的方向可以用箭头来形象表示，箭头所指的方向即为力的方向。在实际运动中，物体的运动往往是多个力共同作用的结果。因此，青少年需要深入理解力的方向如何影响运动效果，以便更好地掌握运动技巧。

（3）力的作用点，力的应用位置对运动效果具有显著影响。当相同的力作用于物体的不同部位时，可能会引发截然不同的结果。以踢球为例，施力的具体位置若发生变化，将导致球体呈现出不同的旋转路径，从而进一步影响踢球的最终效果。

2. 人体运动的内力与外力

（1）内力，乃人体内部各组成部分相互作用的产物。详细而言，人体的内力主要由肌力、韧带张力和骨应力等要素构成。这些内力在多数情形下，均可通过人们的主观意志进行调控。当参与各类运动时，人体各部分正是在这些内力的协调作用下，实现协同运作，共同达成各种运动目的。

（2）外力，即外界对人体施加的各种力量，包括但不限于重力、摩擦力和空气阻力等。这些力量在青少年参与运动训练时，会对他们的身体产生显著影响。因此，青少年需要学会适应并调控这些外力的影响，以确保运动状态的稳定和高效。

在人体运动中，无论是内力还是外力，都扮演着重要的角色。对于青少年而言，想要达到理想的训练效果，就必须掌握有效地运用和把握这两种力的方法。通过科学、合理的训练，青少年可以增强自身的内力，提高对外力的适应能力，从而在比赛中发挥得更加出色。这也是实现运动目标、提升运动水平的关键所在。

(二) 影响人体运动技能发展的因素

1. 运动水平对运动技能的影响

在青少年参与运动训练的过程中,其运动能力的提升常常展现出一个渐进性特征:起初提升迅速,随后则逐渐放缓。此种现象的产生,主要源于他们在学习新技术初期,过去所累积的与新技术相似的动作和经验起到了积极的迁移效应,从而加速了新技术的掌握。训练初期技术动作的分化尚显粗略,且新技术对身体素质的要求相对较低,这都有助于青少年快速提升运动能力。

随着青少年运动能力的不断增强,对于运动条件反射精确性的需求也在逐步增加。这与训练初期的情形相比尤为明显,因此,需要构建一个更为精确的运动条件反射。这一转变对青少年的身体素质和技能水平提出了更高的要求。因此,在训练不断深入的过程中,青少年运动能力的提升速度会逐渐减缓。这是因为随着技能要求的提升,他们需要投入更多的时间和精力来精细化和完善技术动作,也需要持续增强身体素质,以应对更高强度的训练挑战。

2. 大脑皮质机能状态对运动技能的影响

大脑皮质的机能状态在运动技能学习及掌握过程中起着至关重要的作用,与青少年的运动能力息息相关。为达到理想的训练成效,必须确保大脑皮质的兴奋性维持在适中水平。过高的兴奋性或过低的状态都可能对学习成效产生不良影响。因此,在训练过程中,密切关注运动员的大脑皮质状态至关重要,并须采取必要措施进行调整,以优化训练效果。鉴于此,青少年在训练和比赛开始前,应进行充分的预备活动,确保大脑皮质以最佳状态参与运动技能的学习及掌握过程。

3. 各感觉机能间的相互作用对运动技能的影响

人体运动技能的形成,实则是在多重感觉机能的共同参与下,与大脑皮层的动觉细胞构建临时神经通路的复杂过程。在这一过程中,感觉信息指导肌肉产生相应的肌肉感知,进而逐步塑造出运动技能。

因此，青少年群体需要通过持续且反复的训练实践，逐步建立并强化精确的分化能力，以便能够精准区分正确与错误动作所带来的肌肉感知差异。唯有如此，他们方能逐步形成并稳固掌握正确的技术动作。

青少年参与运动训练时，不仅受到外部环境如听觉、视觉等感知影响，同时也会受到内部生理状态，即内脏感觉的影响。在执行具体的体育动作时，这些感觉机能会协同作用，并且不同的运动项目可能对某一特定感觉机能的需求更为显著。因此，积极鼓励青少年参与运动训练，充分发挥其各种感觉机能，对于提升其运动技能水平具有极其重要的意义。

四 青少年体能锻炼的营养学基础

体能锻炼的营养学基础主要涉及人体在进行体能训练时所需的各类营养素及其作用。这些营养素主要包括水、糖类、脂肪、蛋白质、矿物质和维生素，它们共同为体能训练提供必要的能量和物质支持。

（一）水

水作为人体不可或缺的重要元素，被誉为生命之源，是支撑人体生命活动的基石。在人体诸多组成元素中，水的含量尤为突出，大约占据了人体体重的2/3，这足以彰显其无可替代的重要性。

众多研究与实践的积累已经明确显示，人体一旦缺水，其各项生理功能都将受到不同程度的限制，这无疑是对健康发展的极大阻碍。水在人体中扮演着多重角色，它参与人体的代谢过程，促进腺体的正常分泌，调节体温，以及其他诸多方面的作用。

在日常饮食过程中，各类食物均含有一定量的水分。一般而言，人体所需的水分主要来源于摄取的食物和饮品。对于健康的成年人，建议每日水分摄入量维持在2000—2500毫升的范围内。而对于经常进行体能锻炼的青少年来说，其身体活动量较大，对水分的需求也相应增加。因此，为满足其身体机能的正常运转，需要摄入更多的水分。

(二) 糖类

糖类，作为人体必需的重要营养素，其种类繁多，涵盖了单糖、双糖和多糖等多个类别。在单糖中，葡萄糖和半乳糖占据重要地位；双糖则主要包括乳糖、蔗糖和麦芽糖；而多糖则广泛包括淀粉、糖原和果胶等。糖类在维持人体健康和提升运动表现方面发挥着至关重要的作用。因此，青少年在参与体能锻炼时，应充分认识到糖类补充的重要性，并据此合理安排饮食，以确保身体健康和运动能力的充分发挥。

首先，糖类是维持人体正常运作的主要能量来源，能够持续为人体提供动力，确保各项生理功能的正常进行。其次，糖类易于被人体吸收和利用，为机体提供快速的能量补给，尤其在体力消耗大的情况下，糖类能够迅速转化为能量，满足身体的需求。最后，糖类还是构成人体细胞和神经系统的基本成分，对于维持身体结构和功能具有不可替代的作用。

在日常生活中，通过摄取多样化的食物，如米饭、面食、水果以及牛奶等，人们可以获取所需的糖类。一般而言，正常的日常饮食已经足够提供人体所需的糖类。然而，对于那些参与体能锻炼的青少年而言，由于他们在活动中消耗的能量较大，因此，应当适量增加糖类的摄入，以确保其身体机能的正常运转。

(三) 脂肪

脂肪，作为人体不可或缺的关键营养素，主要由碳、氢、氧元素构成，并在人体内发挥着多项核心功能。首先，脂肪在维持体温稳定方面扮演重要角色，确保人体在不同环境条件下均能保持适宜的温度。其次，脂肪对内脏器官起到至关重要的保护作用，抵御外界冲击可能带来的潜在伤害。最后，脂肪还是构建人体细胞不可或缺的成分，对于维护细胞结构和功能具有至关重要的作用。

经过科学配比的日常膳食，肉类、蛋黄、花生等食品为人体提供了适量的脂肪摄入，这足以满足人体对脂肪的正常需求，通过合理控制饮食能够确保人体脂肪摄入的均衡与健康。

(四) 蛋白质

蛋白质在人体中同样占据着举足轻重的地位,它作为一种关键营养素,主要由氧、碳、氢和氮等元素组成。蛋白质在维护人体健康方面发挥着不可或缺的作用,其营养功能多种多样。

第一,蛋白质是构成人体细胞的基本物质,对于维持细胞结构和功能至关重要。第二,蛋白质具备修复受损细胞的功能,这对于促进身体的恢复与再生具有积极意义。第三,蛋白质亦能作为人体所必需的能量来源。特别是在其他能量来源不足的情况下,蛋白质能够转化为能量,以满足身体的日常需求。第四,蛋白质在人体内可以产生抗体,从而增强抵抗力,帮助身体抵御疾病和外部侵害。

在日常生活中,为维持身体的正常功能及为运动锻炼提供支持,人们可以适量摄入如蛋、豆、肉等富含蛋白质的食物。确保蛋白质摄入的充足性,对于促进身体健康及运动表现具有重要意义。

(五) 矿物质

矿物质,作为人体不可或缺的营养成分,可大致划分为常量元素与微量元素两大类。常量元素主要包含钙、钠、磷、镁、氯、钾等,而微量元素则涉及铁、锌、碘、铜、硒等。尽管矿物质在人体内的含量相对较低,但其重要性不容忽视,对维持人体健康发挥着至关重要的作用。概括而言,矿物质具备多种关键的营养功能。

第一,矿物质是人体组织的重要构成部分,它们为身体的正常运作提供了必要的支撑。第二,矿物质对于维持人体的酸碱平衡具有极其重要的作用。它们能够确保人体内部环境的稳定性,从而为人体各项生命活动的正常进行提供有力支持。第三,矿物质还是多种生物化学反应的辅助物质,促进身体的正常代谢。

在人们的日常饮食中,各类食物都含有丰富的矿物质。例如,乳制品是钙的重要来源,有助于骨骼和牙齿的健康;而动物内脏则富含铁和锌,对血液和免疫系统的正常功能至关重要。通过合理搭配食物,人们通常能够获取足够的矿物质，满足身体的需要，无须额外补充。

（六）维生素

维生素是维持人体正常生理功能所必需的营养素。维生素的种类繁多，主要分为水溶性维生素和脂溶性维生素两大类。其中，水溶性维生素包括维生素 C 族和维生素 B 族等，这些维生素在人体内发挥着多种至关重要的作用。而脂溶性维生素则包括维生素 A、维生素 D、维生素 E 和维生素 K 等，它们同样对人体健康产生深远影响。

维生素 A 对于维护牙齿、骨骼健康以及促进消化等方面具有至关重要的作用。维生素 B_1 能够促进能量代谢和糖代谢生成 ATP，为身体提供稳定且持续的能量供应。维生素 B_2 有助于预防脚气病，缓解口腔溃疡等常见健康问题。而维生素 C 具有抗氧化、缓解机体疲劳等多种功效，对于维持身体健康状态具有不可忽视的重要性。

在日常生活中，为确保摄入充足的维生素，人们需要养成良好的饮食习惯。各类食物，特别是蔬菜和水果，都是维生素的优质来源，能有效满足人体对维生素的基本需求。因此，人们应保持饮食的均衡性，多摄入富含维生素的食物，从而确保身体获得充足的维生素，为身体的健康发展提供坚实的保障。

第三节　青少年体能锻炼的原则与方法

青少年在进行体能锻炼时，必须遵循一系列原则和方法，以确保锻炼的科学性和合理性，从而真正达到促进青少年身心健康成长的目的。只有遵循正确的锻炼原则和方法，才能充分发挥锻炼的积极效果，为青少年的身心发展提供有力支持。

一　青少年体能锻炼的原则

概括来说，青少年体能锻炼的原则主要包括以下几方面。

(一) 经常性原则

经常性原则是指体能锻炼必须持之以恒才有效果，规律地、长期地进行体能锻炼将对青少年产生深远的积极影响。经常性原则主要体现为，促进青少年逐渐养成体能锻炼的习惯，自发自觉地进行锻炼，从而将体能锻炼作为自己日常生活中的一部分。从生理学的角度讲，体能锻炼能有效地促进人体新陈代谢的提升，从而达到增强免疫力，提高健康水平的目的。

健康是一种生命状态，也是一个动态的过程，要想实现这一状态，就需要不断地、有计划地进行锻炼。比如，人们自从进入幼儿园起，就开始培育规律的生活作息，这对加强体能锻炼是非常有利的条件。通过合理安排早操、课间操、班级体能锻炼以及课外兴趣小组的体育活动，有助于青少年全面发展自己的体育兴趣，并且逐渐养成经常进行体能锻炼的意识和习惯。

(二) 循序渐进原则

青少年在发育阶段，身体还较为脆弱，在进行体能锻炼时，尤其要注意运动安全，无论是运动难度还是强度，都应由简到难、循序渐进地进行。否则容易使机体出现劣变，产生不适症状，影响健康。

在进行体能锻炼时，应避免急于求成的心态，并着重关注以下几点。首先，运动负荷的安排应充分考虑个体的身体能力。训练结束后，身体应感到适度的疲劳，这是训练负荷安排得当的标志。其次，实施训练方法和手段时，应遵循逐步推进的原则。起初，应选择简单且易于操作的方法，随后逐步增加难度和挑战性，使身体逐步适应外部刺激，提高其应激能力。最后，每次体能锻炼都应遵循有序的步骤。从热身活动开始，逐渐加大训练强度，进入正式训练阶段，然后在训练结束后逐渐降低强度，并进行适当的放松活动。这样的锻炼流程能够确保锻炼的安全性和有效性，从而帮助达到体能提升的目标。

(三) 全面性原则

全面性原则旨在强调青少年在精进专项运动技能的同时，不应忽视其他运动素质的均衡发展。体能锻炼不仅关乎身体形态、机能和身体素质的提升,更对心理素质的塑造起到关键作用,从而为运动技能的发展奠定坚实基础。这一原则主要体现在以下三个方面。

首先,运动素质和机体能力是青少年提升运动技能的基础和关键。为了实现运动技能的有效提升,青少年必须全面、均衡地发展各项运动素质和机体机能,确保它们之间能够相互促进,共同推动运动技能的进阶。

其次,人体内的各个器官机能相互关联,彼此影响深远。当某一器官机能得到提升时,往往能带动其他器官机能的进步。然而,值得注意的是,不同的训练方法和内容在促进身体机能发展上的效果是有所差异的,且它们各自具有一定的局限性。为了达成身体机能的全面提升,青少年必须根据各种运动机能的特点,采取科学且合理的训练方法。这既包括对单项运动机能的专项提升,也要求在训练中注重身体机能的整体协调发展,以确保各项机能能够相互促进,共同提升。

最后,运动素质的发展是一个相互关联、相互制约的过程。在运动训练的初期阶段,青少年应该通过多种途径和手段,全面促进运动素质的提升。因为运动素质是发展高水平运动技能的基础,只有具备优秀的运动素质,才能为日后更高层次的运动技能发展奠定坚实的基础。

(四) 动机激励原则

动机激励原则系指通过合理激发青少年的内在动力,提升其自主参与锻炼的意愿与行动力的原则。为实现此原则,需采取多元化的方式与途径,以充分激发青少年参与体能锻炼的积极性与主动性,并增强其内在的驱动力。此举旨在培养青少年独立、自主、创新的锻炼习惯,并使其在锻炼过程中能够自我调控、自我疏导,以积极的心态面对挑战,从而提升锻炼的效果。

青少年在体能锻炼中应遵循动机激励原则,其理论依据主要体现在以下几个方面。

第一,成功的动机是推动青少年积极参与体能锻炼的重要原动力。通过体能锻炼,青少年能够显著提升自信心和自我效能感,这对于他们早期的心理成长至关重要。当青少年通过不懈努力克服困难、完成锻炼任务时,他们不仅实现了自我价值,还逐渐建立了正确的自我认知,并进行了积极的自我评价。来自他人的认可对于青少年而言,是激励他们坚持锻炼、迎接新挑战的强大动力。因此,强烈的成功动机能促使青少年克服惰性和困难,坚持锻炼,并深刻认识到只有持续努力,才能取得理想的成果。

第二,持续的激励对于保持青少年的斗志至关重要。在进行体能锻炼时,青少年会面临身体和心理上的多重挑战,如运动负荷、动作难度以及耐力考验等。这些挑战可能导致青少年产生退缩情绪,甚至在失败后丧失信心并放弃。因此,需要对青少年进行耐心引导,不断激励他们保持良好的锻炼动机,并肯定他们的努力成果。对于青少年而言,体验到阶段性的成就感是巨大的鼓舞,能够激励他们继续迎接挑战、勇往直前。因此,教师或指导员应当持续给予青少年正向的引导和积极的反馈,帮助他们保持对运动的兴趣和进取心,从而坚持锻炼,取得理想的锻炼效果。

(五)目标性原则

目标性原则是指对即将进行的体能锻炼有明确的目标,并始终以该目标指导锻炼过程。目标性原则需对以下几种情况加以注意。

首先,必须对青少年的体能状况进行全面检测,这涵盖了身体形态、身体机能和运动素质等多个方面。这样做的目的是深入了解青少年体能发展的现状,以便准确评估他们体能锻炼的起点。基于人体生长发育的规律,可以为不同青少年设定合理的体能锻炼目标,使其明晰自己通过锻炼应达到的具体标准。

其次,制订可行的体能锻炼计划至关重要。这个计划的设计应充分考虑青少年的体能状况和训练目标。教师或指导员需要对训练阶段进行明确划分,并为每个阶段设定具体的训练目标,采用相应的训练方法。

再次，必须基于青少年的训练表现和体能变化，进行科学的训练效果评估。通过体能锻炼的实践，可以检验训练计划和方法的合理性，以及它们是否有助于青少年实现预定的训练目标。同时，体能测试也是验证目标完成情况的重要手段。

最后，如果体能测试显示青少年已达到阶段性训练目标，应继续按照原计划进行训练；如果测试结果显示他们与预期的阶段性训练目标仍有较大差距，应客观分析原因，并及时调整训练计划和改进训练方法，旨在确保青少年能够取得更好的进步。

(六) 自觉积极原则

自觉积极原则指的是青少年在面对预设的行为目标时，所展现出的积极主动的态度与行动。体能锻炼的过程，实际上是青少年不断克服内心惰性、挑战外在困难、逐步适应身心更高负荷的过程，从而实现体能素质的显著提升。这一过程往往意味着艰辛、乏味和漫长，如果青少年缺乏坚定的信念和自觉的行动，他们很容易在途中放弃。然而，当青少年能够清晰地认识自己的目标，并自觉积极地朝着这一目标努力时，他们便能在锻炼的过程中体验到目标达成的喜悦和成就感。这种积极的体验不仅为青少年带来了良好的训练感受，更为他们下一阶段的训练注入了持续的动力，激励他们不断坚持、勇往直前。

因此，自觉积极原则在体能锻炼中显得尤为重要。它鼓励青少年以主动的态度面对挑战，以坚定的信念克服困难，从而在体能锻炼的道路上不断取得进步，实现自我超越。

(七) 区别对待原则

青少年的生长发育遵循一定的规律，尽管个体间存在差异，但这些差异大多在可接受的范围内。然而，相较于其他年龄群体，青少年的体质受到先天遗传和后天环境的双重影响，因此差异更为显著。鉴于此，在安排体能锻炼时，必须深入考虑青少年的生长发育特点，确保训练方案能够充分体现与其他群体的不同之处。同时，对于同一年龄段的青少年，也要关注他们之间的个体差异，采取有针对性的训练策略，避免"一刀切"的训练方式。制订个性化的训练方案能够更好地满足青少年的体能发展需求，促进他们的健康成长。

在进行体能锻炼时，不同青少年可能抱有不同的目标。部分青少年旨在通过锻炼增强体质，提升健康水平；另一部分可能更关注于减轻体重、塑造身材；还有一些青少年可能希望通过锻炼来预防或治疗某些疾病。针对这些不同的目标，教师或指导员在制订训练计划和内容时应当进行区别对待，科学合理地安排训练方法与内容。

值得注意的是，部分青少年因先天遗传或后天不良环境因素的影响，体质较为虚弱，同时也存在身体发育不完善的特殊群体。对于这部分青少年，必须特别关注并区别对待，应深入了解他们的身体状况和实际需求，以便在体能锻炼中能够精准施策，采取针对性的措施。

首先，必须深入分析特殊青少年群体的身心状况，充分理解他们的具体需求，从而为他们量身定制一套科学有效的训练计划。其次，鉴于青少年体质的差异性，必须为那些体质特殊的青少年设计符合他们实际情况的训练方法和手段，确保训练的有效性和可行性。在训练过程中，教师应积极鼓励这些青少年，运用正面的语言暗示，帮助他们建立自信，提升自我效能感。最后，必须将特殊青少年体能锻炼工作作为一项长期任务，持续投入精力和资源，不能轻易放弃。教师或指导员应树立能够帮助这些青少年达到正常的体质水平的信心，为他们未来的成长奠定坚实基础。

（八）安全性原则

学校体育教学必须始终坚守安全性原则，以确保教学活动的正常秩序和青少年的生命安全。体能锻炼作为学校体育教学的核心组成部分，其根本目的在于增进青少年的身体健康。在教学过程中，必须高度警惕因场地器材使用不当、热身不足、保护帮助不及时以及训练方法不科学等因素可能引发的运动伤害事故，确保每一次教学活动都能在安全的环境下进行。

在进行体能锻炼时,安全性原则必须得到严格贯彻,这是确保训练安全与有效的关键。为了达到这一目标,需要遵循四点要求。

首先,制订详尽且安全的训练计划是不可或缺的。这包括全面检查训练场地与器材,确保其符合安全标准,并根据青少年的具体训练目标,制订切实可行的训练方法,从而规避潜在的风险。

其次,热身环节在体能锻炼中占据着举足轻重的地位。通过热身活动,可以迅速激活身体机能,为接下来的正式训练做好充分准备,进而减少因突然剧烈运动而导致的伤害风险。

再次,加强对青少年的保护,并在他们训练时提供必要的协助同样至关重要。体育骨干和体育委员在这一过程中应发挥积极作用,不仅要关注青少年的训练状态,还要提供及时的帮助和指导,确保训练过程的安全与顺利。

最后,在日常体育教学中,加强安全教育和运动损伤防治的理论教学也是非常重要的。通过理论教学,可以帮助青少年增强预防损伤的意识,使他们掌握基本的应急处理方法,从而在遇到突发情况时能够迅速应对,降低伤害程度。

二 青少年体能锻炼的方法

(一)完整训练法

完整训练法是一种融合技术与战术的综合性锻炼方法,注重在体能锻炼的全过程中实现技术与战术的无缝对接,构建一个统一、和谐的训练框架。它不仅关注对单个技术动作的精准打磨,还强调多元动作的流畅串联,甚至延伸至个人完整技术序列和团队协同作战的全方位演练。

该方法的应用领域十分宽泛,涵盖了从单一到多元、从个人到团队的各种训练场景。完整训练法的核心优势在于其训练理念的先进性,即在训练初期就将技术与战术融为一体,有效促进青少年运动员在实践中逐步掌握紧密结合技术与战术的能力,进而深化他们对技术动作与战术配合整体架构及其内部关系的理解与运用。

(二) 重复训练法

重复训练法是一种经过验证且效果显著的训练方法。该方法的核心是在维持恒定的训练负荷和动作结构的同时，根据明确的训练目标和任务，按照预定的要求，进行持续而重复的练习。在此过程中，科学规划并严格执行间歇时间的安排是至关重要的。合理的间歇时间有助于身体机能的全面恢复，从而确保训练效果的最大化。

重复训练法涉及三个关键变量：负荷量、负荷强度以及间歇时间。这三个变量的任何变动，均会对重复训练法的训练成效产生显著影响。该方法的应用领域广泛，不仅适用于体能锻炼，同样也可应用于技术、战术训练。对于青少年技术、战术的增强与巩固，重复训练法具有举足轻重的作用。

依据练习时间的长短以及间歇的方式，可将重复训练法细分为若干类别。

1. 根据训练时长的差异，重复训练法可分为三类

第一类，短时重复训练法是一种高效的方法，每次训练的持续时间严格控制在 30 秒以内。这种方法主要针对速度和力量素质的提升，同时也适用于基本技术或高难度技术组合的精细打磨。

第二类，中时重复训练法则将每次训练的时长设定在 0.5—2 分钟之间。它特别适合用于整套技术动作的深入精进，帮助青少年在技术和动作上达到更高的水平。

第三类，长时重复训练法每次训练的时长在 2—5 分钟之间。这种方法更注重对青少年耐力和稳定性的培养，有助于提升他们在长时间、高强度运动中的表现。

2. 根据间歇方式的不同，可将重复训练法划分为连续重复训练法和间歇训练法两大类

这两种训练方式的应用场景各异，所能实现的训练效果亦有显著

差别。

(三) 分解训练法

分解训练法，作为一种科学而有效的训练方法，其核心思想在于通过精心划分体能锻炼的各个环节，依序对各个阶段或部分进行针对性的训练，从而达成整体的训练目标。在实际应用中，教师或指导员常将体能锻炼细分为有氧训练与无氧训练，或是力量、耐力、速度等特定的素质训练部分。针对不同的训练任务与要求，教师或指导员会制订个性化的训练计划，确保整个体能锻炼计划能够有条不紊地实施。此外，分解训练法在运动技术和战术训练中也发挥着举足轻重的作用。考虑到青少年往往难以一次性掌握复杂的技术和战术，教练们会根据实际情况，将那些复杂的技术和战术分解为更为简单、基础的部分。青少年们会首先从这些基础且单一的技术开始训练，随后逐渐将各个部分组合起来，形成难度更大的动作，最终实现对运动专项技术和战术的全面掌握。作为运动技术、战术训练的重要方法，分解训练法的训练效果显而易见，为青少年运动员的成长奠定了坚实的基础。

(四) 间歇训练法

间歇训练法是一种科学的训练方式，它通过精准掌握训练与休息之间的时间间隔，使身体在尚未完全恢复到初始状态时便再次接受训练。这种方法在运动训练中占据重要地位，被视为提升体能的关键手段之一。间歇训练法包含三种主要形式：高强性间歇训练法、强化性间歇训练法以及发展性间歇训练法，这些方法依据不同的训练需求，适用于各种训练环境。

体能素质的提升，很大程度上依赖于对运动间歇的有效管理。通过精准调控间歇时间，机体得以实现超量恢复，即在休息阶段的恢复效果超越运动前的状态。这种超量恢复机制是体能提升的核心，而体能的增强则是通过不断累积超量恢复的过程实现的。

此外，间歇训练法对青少年的肌肉力量和内脏器官功能均有显著的提升作用。在体能锻炼过程中，虽然肌肉在间歇期得到休息，但呼吸与循环系统却始终保持高负荷运转。随着间歇的结束，新一轮的训练对这两大系统提出更高的要求。因此，在科学合理的运动负荷下，间歇训练法有助于全面提升青少年内脏器官的功能。

为实现不同的训练目标和满足特定的训练需求，教练们应设计具有针对性的间歇训练计划。若旨在提升持久耐力，应保持适度的训练强度，延长单次训练距离，并增加训练次数。若目标为增强力量耐力，建议采用相对较轻的负荷，保持中小强度的训练，并确保训练次数足够多。若追求绝对速度的提升，应缩短训练距离，减少重复次数，同时加大训练强度。

在运用间歇训练法时，必须遵循若干重要原则。首先，间歇期并不意味着完全静止。青少年在间歇期间应积极参与如慢走、慢跑以及伸展和拉伸等轻度活动，这有助于其血管受到肌肉的按摩作用，进而促进血液补充和废物排出。其次，间歇时间的设置至关重要。必须确保运动和间歇交替进行，同时保证青少年在心率恢复到120—140次/分钟之后，才能进行下一次训练，以确保机体充分恢复。最后，每次训练的时长应适度，并根据训练的具体需求来选择强度。训练强度可灵活调整，甚至可超过比赛所需的强度。

(五) 变换训练法

变换训练法是一种灵活多变且富有创新性的训练方法，其核心在于在体能锻炼过程中，通过有意识地调整运动负荷、变换动作组合以及改变训练环境和条件，以实现特定的训练目标。体能锻炼的过程往往艰苦且单调，容易使青少年产生厌倦情绪。然而，通过变换训练的内容、负荷和形式等手段，可以对青少年的大脑皮层产生新的刺激，为体能锻炼增添新鲜感和趣味性，从而消除其枯燥感。这种做法有助于激发青少年的训练热情和积极性，使他们能够在体能锻炼中保持积极向上的心态，更好地坚持下去。变换训练法主要包括三种类型。

1. 负荷变换训练法

负荷变换训练法是通过调整训练负荷来实现训练变量的变换。这种变换可以体现在训练负荷的量或者强度上，是一种具有针对性的训练方法。其目的在于有效地提升青少年的体能素质、机体水平以及运动技能，帮助他们在体育锻炼中取得更好的成果。

2. 内容变换训练法

内容变换训练法是指通过对训练内容的变换来实现训练目的的方法。此方法主要适用于各类运动专项的训练，鉴于不同运动专项所需的动作、技术和战术各有差异，因此，在确定训练内容时必须紧密结合运动专项的具体要求和特点。

3. 形式变换训练法

形式变换训练法，指的是变换训练的形式作为核心变量的训练方法。该方法主要体现为对训练形式、时间、环境、场地以及路径等多方面的灵活调整与变换。

（六）连续训练法

连续训练法是一种体能锻炼方式，即在一定时间段内，以稳定的运动强度持续进行锻炼，其间不设置间歇。该方法广泛应用于青少年耐力素质的培养，并适用于那些运动负荷相对较小、动作技巧要求较高的运动技术训练。连续训练法的持续时间受多种因素影响，主要包括三点。

首先，运动专项本身的固有特点和内在规律是决定负荷安排的重要依据；其次，青少年的个人条件，包括其运动基础水平、潜在的运动天赋以及参与训练时的身心状态等，也会对负荷安排产生显著影响；最后，负荷价值的有效范围也是一个不可忽视的因素，需要在训练过程中进行科学合理地把握。

连续训练法具有多重作用。首先，通过持续稳定的运动负荷刺激，能够促进机体机能和内脏器官的适应性变化，从而提升和巩固运动机能。其次，该方法有助于增强有氧供能系统的供能能力，提高机体在有氧条件下的运动表现。最后，连续训练法还能够进一步强化有机体的无氧代谢能力，使机体在无氧环境下也能保持良好的运动状态。

在使用连续训练法时，务必密切关注训练强度与练习时长之间的平衡关系。在加大训练强度的同时，应适度缩减训练时长；反之，当训练时长延长时，应相应降低运动训练的强度。唯有妥善调控运动强度与训练时长的配比，方可实现理想的训练成效。

（七）比赛训练法

比赛训练法，是一种在真实、类似或模拟的比赛情境中，严格按照比赛规则和形式进行训练的有效方法。这种方法深深植根于多方面的考量，诸如青少年的竞争意识与精神、运动能力形成的内在机理与规律，以及体育竞赛的严格规则等。从性质上看，比赛训练法可细分为教学比赛训练法、模拟比赛训练法、检查比赛训练法以及适应性比赛训练法这四种形式。

比赛训练法的作用深远且多面。首先，它显著增强了体能锻炼的强度，有助于运动员体能水平的全面提升。其次，通过模拟紧张的比赛氛围，这种方法能够激活青少年的大脑皮层，提升其兴奋度，从而激发他们的训练自觉性和热情，使他们在训练中更加投入和专注。再次，通过模拟真实的比赛环境和严格的比赛规则，比赛训练法能够帮助青少年更好地熟悉和适应比赛氛围，增强他们对比赛的理解和应对能力，提高心理承受能力。最后，比赛训练法将体能锻炼与实战紧密结合，使青少年能够在实践中不断掌握和改进运动技术，提升实战能力，为未来的比赛做好充分准备。

（八）循环训练法

循环训练法，作为体能锻炼的关键手段，其核心理念在于通过设立一系列练习站或点，使青少年按照既定的顺序和路径，依次完成每个站点所规定的练习任务。这种训练方法以其综合性与趣味性为特点，能够有效提升青少年的练习热情与积极性。

在训练的初期阶段，首先引入一个循环，待青少年逐渐适应后，每隔2—3周便增加一个循环，以此逐渐提升训练的强度和复杂性。

一般而言，同时进行的循环数量应控制在3—4个，以保证训练的质量和效果，最多不宜超过5个，以免过度负荷。每个循环中，练习的数量应维持在6—14个之间，每两个练习之间的休息时间建议为45—60秒，以确保青少年能够充分恢复体力。而每两个循环之间的间歇，则建议为2—3分钟，以便青少年调整状态，迎接下一轮的挑战。

循环训练法的作用主要体现于以下几个方面。首先，它能够有效增强青少年的肌肉力量，进而提升其整体的体能素质。其次，通过循环进行各项训练内容，不仅能在一定程度上消解体能锻炼过程中的枯燥感，更能激发青少年参与体能锻炼的热情与积极性，使他们保持良好的运动情绪，从而更有可能取得理想的训练效果。最后，循环训练法还能根据个体的差异，有针对性地区别对待和解决负荷量问题，有效预防运动者出现过度紧张的状况。

（九）负重训练法

负重训练法，作为一种高效的体能锻炼方式，通过施加额外的身体负荷，如沙袋、哑铃、杠铃等重物，来增强训练效果，进而提升个体的体质。这种方法不仅深受专业运动训练中青少年的青睐，同样适用于普通人群以增强体质，甚至对于某些病人来说，也是促进身体康复的有效途径。然而，在使用负重训练法时，必须谨慎对待机体所承受的负荷。训练负荷必须控制在合理范围内，具体来说，应确保负荷不超过个体的最大摄氧量和最大心输出量，以防止过大的负荷对心血管系统和呼吸系统造成潜在的不良影响。因此，在制订训练计划时，需要根据个体的实际情况，科学合理地安排训练负荷，确保训练的安全性和有效性。

第四节　青少年体能锻炼计划的制订

一　制订体能锻炼计划的依据

（一）体能锻炼目标

体能锻炼旨在全面促进青少年的身体素质发展，增强其机体的免疫力，进而提升他们的运动能力。此外，通过多样化的锻炼方式，还能培养青少年对运动的兴趣与热情。这一切的努力，都是为了为他们今后发展体育专项能力奠定坚实而良好的身体素质基础，助力他们在体育道路上走得更远、更稳。

（二）起始状态

青少年的初始体能水平是制订体能锻炼计划的坚实基础。在规划训练计划时，必须充分考虑青少年的实际体能状况，以确保计划的合理性和可行性。同时也必须致力于推动青少年在原有体能基础上实现稳步提升，从而达到提高整体体能水平的目标。这一过程既要注重科学的训练方法，也要结合青少年的身心特点，制订出既符合实际又具有挑战性的训练计划。

（三）体能锻炼的客观依据

体能锻炼的策划与制订必须建立在科学、客观的考量之上。这些考量涵盖了运动锻炼过程中的连续性与阶段性特征，要求我们既要确保锻炼计划的连贯性，又要根据青少年的体能发展阶段进行灵活调整。同时还必须关注青少年机体对于运动负荷的适应与适应能力的变化，既要确保训练负荷能够有效促进青少年的体能提升，又要避免超出其身体承受能力，防止过度疲劳或损伤。此外，集体训练与个体训练的差异也是我们必须考虑的因素。在集体训练中，应注重培养青少年的团队精神和竞争意识；在个体训练中，则需根据每个青少年的特点制订个性化的锻炼方案，以最大限度地发挥其潜能。综上所述，体能锻炼的制订是一项严谨而细致的工作，需要我们全面、客观地考虑各种因素，以确保锻炼的科学性和有效性。

训练过程的多变性与可控性也是制订锻炼计划时必须考虑的因素。锻炼计划既要灵活多变，以适应不同情况下的训练需求；又要具有可控性，确保训练过程能够按照预定目标有序进行。

(四) 组织和实施体能锻炼活动的客观条件

在制订体能锻炼计划时必须充分考虑客观条件，这些条件包括训练场地、器材设备、营养状况以及恢复环境等。只有在充分评估这些客观条件的基础上，才能制订出切实可行的锻炼计划。否则可能会导致计划无法顺利实施，或者无法实现预期的效果。因此，必须以严谨、理性的态度，全面考虑各种客观因素，以确保体能锻炼计划的有效性和可行性。

二 多年体能锻炼计划

(一) 多年体能锻炼计划的内容

首先，制订涵盖训练全程的明确目标、周详计划、具体内容、实施方式及赛事日程。

其次，确立每年度的具体训练目标、详尽计划以及各项训练任务。

再次，深入分析青少年的运动技术与水平，同时评估其思想状况、意志力、身体条件及其他生理特征。

最后，建立科学的评估体系，以准确衡量训练成效，并据此制订客观的评价机制。

(二) 多年体能锻炼计划的记录

长期的体能锻炼计划记录应以表格或文本形式详细呈现，并充分运用图表和数据等手段，确保记录的清晰度和精确度。在记录过程中，需全面涵盖训练的目标、任务、步骤、时长以及考核与评估方法等信息，以便对训练过程进行全面、细致的管理和监控。

三 全年体能锻炼计划

针对全年的体能锻炼，可以制订针对不同青少年的需求而设计的单周期、双周期以及多周期计划。青少年们可以根据自己的实际状况和需要，灵活地选择并安排适合自己的锻炼计划。以双周期计划为例，一个完整的周期通常持续5—7个月的时间，这个周期中包括了准备期（大约2—3个月）、比赛期（约1.5—2个月）以及过渡期（0.5—1个月）。

在准备阶段，青少年将经历一系列精心设计的体能训练，旨在全面增强他们的体能素质，或对特定薄弱环节进行针对性强化。这一阶段细分为一般准备和专门准备两个子阶段。一般准备阶段着重于培养青少年基础运动能力，使他们熟练掌握各项运动的基本技术；而专门准备阶段则更加聚焦于提升他们在特定运动项目中所需的技能和战术水平。整个准备期的目标是全面促进青少年的运动表现、心理素质和运动技能，为他们逐步进入竞技状态奠定坚实基础。

在比赛阶段，青少年的训练焦点转向强化专业技能和提升技术精细度，旨在强化他们的竞技实力并保持卓越的竞技状态。而过渡期的安排，则是为了让他们从紧张的赛事节奏中暂时解脱出来，进行必要的休息与调整，从而消除疲劳、恢复身体机能。虽然此阶段的训练量和强度会有所减轻，但青少年仍需保持一定的训练活动，以维持其运动状态并防止技能水平的下滑。准备期、比赛期和过渡期共同构成了一个全面而系统的训练周期，每个阶段都扮演着不可或缺的角色。只有通过这三个阶段的精心规划与执行，青少年才能获得理想的体能锻炼成效。

四　周体能锻炼计划

（一）周体能训练计划的类型及任务

周体能训练计划涵盖四种类型，分别为基本周训练、赛前诱导周训练、比赛周训练和恢复周训练。

基本周训练旨在通过调整负荷的量和强度，引发青少年的应激适应反应，从而促进其运动素质和技能的提升。具体可分为加量周训练和加强度周训练，其中"量"和"强度"均指负荷。

赛前诱导周训练，通常在比赛前夕有条不紊地展开。其主要核心目标在于使青少年的身体机能逐步与比赛要求相契合,确保他们在比赛当天能够稳定、出色地发挥出自己的训练水平。

比赛周训练则是以比赛日为中心,回溯至前七天的一个特定训练阶段。此阶段的训练重点是对青少年进行赛前的细致调整,助力他们达到最佳竞技状态,以更好地适应比赛的严苛要求。

至于恢复周训练,其重要性不言而喻。它主要聚焦于帮助青少年在激烈的比赛后迅速恢复身体与心理的平衡状态。通过多种恢复手段的综合运用,旨在协助青少年在短时间内恢复至先前的竞技水平。值得注意的是,恢复周训练的强度通常较为温和,其主要作用在于促进青少年体内能量物质的再生,为后续的训练和比赛打下坚实基础。

(二) 周训练计划的负荷安排

1. 赛前诱导周的负荷安排

在赛前诱导周训练中,重点在于逐步提升训练强度,让青少年运动员提前熟悉并适应比赛节奏,以达到最佳竞技状态。在此过程中,必须注意避免同时加大训练强度和训练量,以防运动员身体负荷过重。应在保持原有训练量的基础上,适度增加训练强度。若原训练量已较为适中,也可在维持训练量的同时逐步增加训练强度,以确保运动员的身心健康与竞技水平的提升。

2. 比赛周的负荷安排

经过精心策划,比赛周的完整训练方案聚焦于竞技活动,旨在确保青少年运动员在竞赛时能达到最理想的竞技状态。结合特定运动项目的特性,应细致地安排训练负荷的强度与量度。一般而言,为了保障运动员的体能和竞技状态,在比赛周的训练中会适度降低训练量和强度。

3. 恢复周的负荷安排

适当减少训练量和强度,若原本的训练量已经较低,则可以保持原有的训练水平。

(三) 训练周计划的内容

若周计划中有比赛安排,那么训练计划的设计应紧密围绕比赛展开。在赛前诱导周，需将训练重心放在提升训练强度上，以助青少年提前适应比赛节奏，塑造良好的竞技状态。然而，需特别注意，训练强度和训练量不可同时提升，以免给青少年带来过大的负担。若原训练量适中或偏小，可保持训练量不变，适当增强训练强度。

训练周则分为两个明确的阶段，每个阶段都承载着不同的训练任务。在比赛前3—5天，主要进行高强度的专项训练，确保青少年在比赛中能够充分发挥自己的优势。而在比赛前1—3天，训练内容则转向一般训练或专项训练，为比赛做好最后的准备。

至于恢复周，其训练重心在于一般性的身体练习。此时的训练强度和训练量都相对较低，采用富有趣味性的游戏化练习方式，旨在帮助青少年消除比赛带来的身心疲劳，促进他们快速恢复。

五 体能锻炼课计划

（一）体能锻炼课计划的任务和内容

1. 综合体能训练课

综合体能训练课程的任务和内容相当丰富，涵盖了力量与耐力的结合训练、柔韧性与灵活性的结合训练等多个方面。在制订训练计划时，科学合理地安排各项训练任务的顺序至关重要。以协调能力和敏捷性训练为例，这类任务需要青少年具备较高的精神集中力，因此，通常将它们安排在训练的开始阶段进行。这样，青少年可以在精力充沛的状态下更好地完成这些任务，提高训练效果。相对地，耐力训练这样的任务，即使在身体疲劳的情况下也能进行，因此更适合放在训练的后半段。这样，青少年在完成其他训练任务后，仍然可以通过耐力训练来进一步提升体能水平。此外，对于各种运动素质的训练顺序，也有其理想的安排。一般来说，柔韧性练习应该首先进行，因为它有助于放松肌肉，提高关节的灵活性，为后续的训练做好准备。接着是速度或力量练习，这些任务需要较高的能量和精力投入，因此应安排在柔韧性练习之后进行。最后，耐力练习作为收尾，有助于巩固训练成果，提高青少年的整体体能水平。通过这样科学合理的安排，综合体能训练课程能够更有效地促进青少年各项运动素质的发展，提高他们的体能水平。

2. 单项体能课

单项体能课程，即在单次训练过程中，专注于提升青少年某一特定体能素质的教学活动。此类课程注重集中时间与精力，以实现针对性训练效果。实践中，常见的单项体能锻炼涵盖长跑耐力训练以及跳高力量训练。

(二) 体能锻炼课计划的基本结构

体能锻炼课由准备部分、基本部分和结束部分三个部分组成。

1. 准备部分

准备部分的主要职责是通过精心设计的准备活动，激活青少年的身体各系统与器官，促使他们逐步适应即将到来的运动状态。这为他们接下来面对的运动负荷做好了充分的生理与心理准备。这一流程可进一步细化为一般性准备活动与专门性准备活动两个环节。

(1) 准备活动的时间安排。首先，基于气温条件考虑，当气温偏低时，为预防身体受伤和提高运动效果，应适当延长准备活动的时间；相反，在气温偏高时，可以适当减少准备活动的时间。

其次，考虑到心理状态的影响，当个体情绪较为低落时，为了调整身体状态和提高运动表现，应增加准备活动的时间；而在情绪高昂时，则可以适当减少准备活动的时间。

最后，针对精神状态的不同，特别是在刚睡醒，身体还未完全恢复的情况下，应通过适当延长准备活动的时间来帮助身体逐渐进入运动状态；相反，在精神饱满、状态良好的情况下，可以适当缩短准备活动的时间。

(2) 一般性准备活动的要求。第一，青少年的体温和肌温会有所上升，毛细血管会相应扩张，肌肉的血液流量亦会增加。

第二，肌肉中酶的活性会得到增强，从而提高肌肉的收缩能力和代谢效率。

第三，青少年的中枢神经系统兴奋度也会相应提升。此外，青少年的呼吸系统和心血管系统会被充分动员，为接下来的运动做好准备。

第四，青少年的心理状态会达到适度的应激状态，为应对接下来的挑战做好准备。

（3）专门性准备活动的要求。通过精心策划与组织的一系列专业准备活动，旨在充分激发青少年的心理和生理潜能，确保其身体机能全面进入运动状态，为接下来的体育活动奠定坚实基础。

2. 基本部分

体能锻炼课计划的基本部分是其主要组成部分，占据了整个锻炼计划总时间的50%—90%。

（1）单项体能锻炼课的基本部分。单项体能锻炼课程以其训练时间和内容的高度集中性为特点，通常被应用于需要较长时间投入的具体体能素质训练中。例如，在培养青少年长跑运动员的耐力素质方面，这类课程发挥着重要作用。通过系统而专注的训练，能够更有效地提升运动员在长跑比赛中的耐力表现。

（2）综合体能锻炼课的基本部分。综合体能锻炼课的训练内容具有多元化的特性。在规划这些训练内容时必须高度重视训练的顺序。一般而言，一个合理的训练顺序应当如下：首先，进行柔韧性训练；其次，进行速度或力量训练；最后，进行耐力训练。这样的顺序有助于确保训练效果的最大化，同时降低运动损伤的风险。

3. 结束部分

结束阶段的时长设定为15分钟，在这个阶段，青少年应参与一些轻松、愉悦的活动，例如慢跑、悠闲步行、团队游戏以及放松体操等。此阶段的主要目的是，有效地帮助青少年排除在运动过程中体内积聚的乳酸，尽快补偿因运动产生的氧债，并促进他们的身体从运动状态平稳过渡到静息状态。

第三章
青少年基础体能锻炼实用方法

在快节奏的现代生活中,青少年面临着日益增大的学业压力和身体发育的挑战。面对这样的背景,基础体能锻炼显得尤为重要。基础体能不仅关乎青少年的身体健康,更是提升他们的学习效率、培养意志品质和增强社会适应能力的关键。

第一节 肌力和肌耐力锻炼方法

一 肌力和肌耐力的概念

(一)肌力的概念

肌力,简而言之,即肌肉展现出的力量,它表现为肌肉在遭遇阻力时所能展现出的对抗能力。在肌肉适能锻炼的众多要素中,肌力无疑占据着核心地位。鉴于青少年的肌肉正处于生长发育的关键阶段,若能采取科学合理的锻炼方法,持之以恒地提升肌力,必将对他们的身体健康和运动能力的增强产生显著影响。此外,肌力还具备保护骨骼、预防运动伤害的重要作用。

值得一提的是,肌力的大小并非孤立存在,它与众多因素息息相关。例如,神经的兴奋程度对肌力的发挥起着重要的调控作用;肌纤维的数目与种类则直接决定了肌肉的基本构成和潜在力量;肌肉收缩的长度影响着力量输出的效率;而疲劳程度则是评估肌肉耐力与恢复能力的重要指标。因此，在追求肌力的提升时，需要全面考虑这些因素，制订针对性的锻炼计划，以实现更为全面和高效的锻炼效果。

（二）肌耐力的概念

肌耐力是指肌肉连续工作的能力，即能够维持的时间越长，说明肌耐力的素质水平越高。尽管青少年时期还不是发展肌耐力的主要阶段，但是适当地提升肌耐力能促进他们的心肺功能的提高，进而提升整体身体素质。同时，肌耐力也是评价人体健康与否的主要指标之一，因此，锻炼肌肉适能，必然包含了对肌耐力的适当训练。

二 肌力和肌耐力锻炼的主要影响因素

（一）锻炼强度

力量锻炼的负荷强度通常通过 RM 值（最大重复次数）来量化评估。RM 值定义为肌肉在特定负荷下能够完成的最大收缩次数。数值较小的 RM 值表明青少年在应对某一负荷时重复次数较少，因此负荷强度相对较大。相反，较大的 RM 值则代表较小的负荷强度，适合一般青少年的运动需求。在实际应用中，教练和运动员应根据个体的体能状况和训练目标，合理设定和调整 RM 值，以实现科学、有效的力量训练。

（二）锻炼量

在普遍情况下，青少年群体往往难以坚持每日锻炼。为了实现理想的锻炼效果，制订一个科学合理的锻炼计划至关重要。此计划应确保每次锻炼都能达到足够的肌肉刺激强度，并且维持稳定的锻炼间隔。在规划锻炼量时，可依据计算公式，以周或月为单位进行考量。除了锻炼强度和时长，锻炼频率同样是一个不可忽视的因素。计算公式为：运动总量=（平均运动强度×运动时间）×锻炼频率。

（三）锻炼次数和频率

力量锻炼的效果受到锻炼次数、频率以及锻炼者个人身体条件的多重影响。根据科学研究的结果，对于长期缺乏运动的人群来说，隔天锻炼的效果往往优于每天锻炼。当采用科学的锻炼方法并持续进行力量锻炼时，经过10次锻炼，肌肉力量可显著提升47%。然而，若在同等负荷下选择隔天锻炼的方式，经过10次锻炼后，肌肉力量的提升幅度更是高达77.6%。对于追求肌肉体积、线条及爆发力的健身者来说，适度降低运动强度，同时增加锻炼组数和频率，是一个更为有效的策略。而对于那些旨在发展肌肉耐力及提升内脏机能的人群，则应遵循"高频低负荷"的锻炼原则。对于大多数健身者而言，如果锻炼强度适中，选择隔天锻炼是一个不错的选择。不过，最终的锻炼频率还是应根据个人的身体恢复状况来确定，以确保锻炼效果与身体健康之间的平衡。

三 肌力和肌耐力锻炼的方案

(一) 肌力锻炼方案

对于希望适度提升体适能的青少年来说，关键在于遵循循序渐进、量力而行的原则。切勿急于求成，一开始就执行高强度的锻炼计划。反之，应逐步增加锻炼强度与频率，让身体逐渐适应。此外，制订有针对性的锻炼计划也十分重要。例如，可以选择每周一、三、五分别进行腿、胸、背部的力量练习，并合理安排间隔时间，让肌肉有充足的恢复时间。若青少年体质较弱或基础较差，可以先从核心练习开始，每周一、三、五进行核心练习，每周二、四、六则专注于腿部练习，逐步增强身体素质。通过这样的计划性锻炼，青少年不仅能够逐步提升体适能，还能有效避免运动伤害，实现健康成长的目标。

(二) 肌耐力锻炼方案

经过科学论证，提升肌耐力和力量的训练策略在构造上呈现出一致性。针对普通锻炼者，应采取隔日轮换的方式进行腿部、腹部和背部肌肉的锻炼，以均衡发展全身肌群。对于肌耐力稍显不足的训练者，应采取更为精细化的训练安排，即每周一、三、五专注于腹部和背部肌肉的锻炼，而在每周二、四、六则集中力量进行腿部肌肉的练习。这样的安排有助于提升肌肉耐力，并在保持训练强度的同时，预防过度训练引发的潜在风险。

四 肌力和肌耐力锻炼的具体方法

（一）胸部肌群锻炼方法

1. 卧推

锻炼目标：胸大肌、三角肌前束、前锯肌、肱三头肌。

起始姿势：仰卧于卧推架上，身体应完全放松，呈一条直线，与卧推架完美贴合。双脚自然放在地面上，可以微微分开，以保持身体的稳定。此时，应深呼吸，感受气息在胸腔中的流动，为接下来的动作做好准备。双手正握杠铃，确保双手间距适中，既不过宽也不过窄，以保持力量的均衡传递。为确保推举动作的正确性和效果，需保持大臂与小臂之间的夹角为90°，使手臂伸直但不过度锁定肘关节。此外，大臂与躯体的夹角亦应维持90°，以充分发挥胸部肌肉的作用。在吸气时，应感受杠铃的重量，并确保身体与杠铃之间形成稳固的联系。随着呼吸的加深，身体的紧张感逐渐增强，为接下来的推举动作储备力量。在此过程中，背部应紧贴卧推架，腰部保持轻微拱起，以减轻腰椎承受的压力。整个动作过程中，务必保持身体的稳定性，避免晃动或扭曲。同时，应注重呼吸的配合，推举时呼气，下落时吸气，以维持肌肉的持续紧张和力量输出。

练习过程：呼气，此时是发力推起杠铃的关键时刻。双臂需要同时用力，协同工作，以强大的爆发力将杠铃从胸部位置推起。当两臂伸直后停留一会儿，然后缓缓下落，知道铃杆靠近但没有碰到胸大肌，再慢慢推起。重复3—5组练习。

呼吸方法：当采取小、中负重时，向上推举时呼气，杠铃下降时吸气。如果采取的是大负重练习，向上推举时呼气，杠铃下降时吸气，停顿时要短暂屏气。

2. 上斜卧推

锻炼目标：胸大肌上部、三角肌前束、肱三头肌。

起始姿势：上斜卧推需要向斜上方用力，因此练习的时候需要斜板卧推支架的配合，该练习更适合年纪较大一些的青少年，年纪尚小，尤其身高较低的青少年可以做其他练习替代。练习时身体仰卧，双腿放松，双脚自然放在地面上。选择合适的握距正握杠铃，但要保证大臂与躯体和小臂各呈90°。

练习方法：主要的练习形式就是匀速控制杠铃杆进行倾斜角度的推举动作。这一动作要求练习者在推举和下降过程中都要保持杠铃的匀速运动，以充分锻炼胸部肌肉并避免受伤。在推举时，需要用力将杠铃向上斜方推起，直至手臂完全伸直，此时应感受到胸部肌肉的强烈收缩。而在下降过程中，则需要用双臂以及胸肌的力量控制杠铃匀速、缓慢地下降，避免突然下落对肌肉造成冲击。在练习时，每组动作应重复多次，通常建议进行3—5组，每组之间可以稍作休息，以便肌肉得到恢复。同时，为了保持动作的准确性和稳定性，练习者需要确保身体仰卧在斜板卧推支架上，双脚自然放在地面上，双手正握杠铃，大臂与躯体、小臂各呈90°。

呼吸方法：在进行上斜卧推练习时，负重的大小会直接影响呼吸节奏和方式。在负载较轻的情况下，呼吸与动作的协调更为自然流畅。进行上推动作时，呼气能够优化肌肉力量的发挥，使动作更加流畅有力。而在杠铃下降的过程中，吸气则有助于肌肉的放松，为下一次的推举动作做好充分准备。然而，当负载增加时，对呼吸的控制变得尤为关键。在杠铃下降的过程中，持续吸气以保持肌肉的松弛状态至关重要。当杠铃降至最低点，准备进行下一次推举时，短暂的屏气不仅有助于维持身体的稳定性，防止晃动或失衡，更能集中力量，为接下来的推举动作创造更加有利的条件。

3. 下斜卧推

锻炼目标：胸大肌下束、三角肌前束、肱三头肌。

起始姿势：锻炼者需要站在下斜卧推架旁，双手握住杠铃，确保握持稳固。随后，调整杠铃至适当位置，以便在躺下时能够轻松将其置于胸部上方。接下来，锻炼者需要缓缓躺下，使头部、背部和臀部完全贴合卧推架的斜板。在躺下过程中，要确保双脚稳固地踩在地面或支点上，以保持身体的平衡和稳定。同时，双手应始终紧握杠铃，保持其位置稳定。在身体完全躺下后，需要进一步调整姿势。此时，应确保肘关节和踝关节都固定在支点上，防止在推举过程中发生晃动或扭曲。双手应正握杠铃，握距适中，使双手、肘部和杠铃形成一条直线。

练习方法：推举是从胸部正上方开始，通过均匀用力，使杠铃匀速上举直至双臂伸直，然后再有控制地让杠铃下落。每次练习做3—5组。

呼吸方法：呼吸方法同上。

(二) 肩部肌群锻炼方法

1. 坐姿杠铃颈后推举

锻炼目标：三角肌、肱三头肌。

起始姿势：跨坐于健身凳上，双腿在健身凳两侧保持身体的平衡。正握杠铃，握距约是肩宽的2倍。运动前手臂向上伸直，胸打开，上体略向前倾。

练习方法：肩关节和肘部要先做外展动作，然后做颈后的杠铃推举运动。均匀用力，反复做推举动作，重复3—5组。

呼吸方法：呼吸与上斜卧推的方法一致。

2. 站姿杠铃颈后推举

锻炼目标：三角肌、肱三头肌。

起始姿势：首先将杠铃置于肩上，以大约肩膀两倍宽的距离握住杠铃。

练习方法：确保双臂与身体协同用力，并在每次推举至最高点时稍作停顿，以便肌肉得到充分的拉伸和锻炼。建议重复此动作3—5

组，以达到最佳效果。

呼吸方法：上举时呼气；下落时吸气。

3. 站姿哑铃交替推举

锻炼目标：三角肌、肱三头肌。

起始姿势：双手持哑铃，双腿先自然站立然后屈膝，屈肘将哑铃置于肩上。

练习方法：首先做一侧手臂的推举哑铃动作。当手臂伸直时，保持掌心向前；然后有控制地放下哑铃，掌心朝向内侧，置于肩上；两侧手臂交换练习，每侧做做3—5组。哑铃的重量要根据青少年的实际情况决定，太轻或者太重都不利于锻炼效果的实现。

呼吸方法：上举时呼气，下落时吸气。

4. 站姿哑铃颈前推举

锻炼目的：三角肌、肱三头肌。

起始姿势：自然站立，站立时，注意保持身体挺直，但不要过度僵硬，让身体在自然状态下放松。膝关节微屈，微屈的膝关节可以像一个弹簧一样，帮助在接下来的动作中更好地发力。肘关节也微屈，掌心朝后，两手各持一个哑铃。

练习方法：肩关节向后旋转，肘关节外旋，慢慢推举到大臂与地面平行，掌心相对。然后继续向上推举至肘关节伸直，掌心向前。停留2秒后手臂向下运动，肩关节内收，肘关节内旋至起始姿势。做3—5组。

呼吸方法：上举时呼气，下落时吸气。

（三）上肢肌群锻炼方法

1. 直立杠铃弯举

锻炼目标：肱二头肌。

起始姿势：自然站立，双脚略分开与肩同宽，屈膝。双手反握杠铃，握距与肩同宽，准备练习。

练习方法：提起杠铃直至两只前臂靠近身体并保持2秒钟，有控制地还原。重复3—5组练习。

呼吸方法：抬起时呼气，还原时吸气。

2. 直立杠铃变换弯举

锻炼目标：肱桡肌、肱二头肌。

起始姿势：自然站立，双脚微微分开，与肩同宽，这样不仅能够确保身体的稳定性，还有助于更好地分配力量。同时，这样的站姿也有助于保持身体的平衡，防止在练习过程中出现摇晃或失衡的情况。屈膝，双手反握杠铃。

练习方法：双臂用力提起杠铃，至大、小臂之间呈90°，保持2秒钟，然后继续向上抬至颈前，再保持2秒钟，后还原成90°，再还原至双臂完全伸直，重复5—10组。

呼吸方法：上举时呼气，还原时吸气。

3. 哑铃交替弯举

锻炼目标：肱二头肌、肱桡肌。

起始姿势：自然站立，屈膝，双脚与肩宽，双手反握哑铃，屈肘，使双手置于大腿前侧。

练习方法：单臂向上举起哑铃，至大小臂呈90°，继续屈臂使小臂与大臂贴紧，保持2秒钟，还原。重复3—5组练习。换另一手臂练习。

呼吸方法：屈臂用力时呼气，还原时吸气。

（四）背部肌群锻炼方法

1. 杠铃俯身划船

锻炼目标：背阔肌、大圆肌、斜方肌、菱形肌。

起始姿势：自然站立，双脚站距略窄于肩，这样的站姿有助于保持身体的稳定性和平衡性，同时也能够确保杠铃的运动轨迹更加准确。双手正握杠铃，握力要适中，确保杠铃能够稳定地悬挂在双手之间。接下来，收紧核心肌群，核心肌群的收紧有助于稳定上半身，减少运动中的摇晃和晃动，使动作更加稳定。同时，收紧核心也能够更好地传递力量，提高锻炼效果。然后，屈膝并努力向后突臀。这一动作有助于降低身体重心，增加稳定性，同时也能够更好地拉伸和预热腿部和臀部肌肉，为接下来的练习做好准备。上体前倾，当肩部超过脚尖时保持不动。这个姿势能够更好地利用身体重量，增加对目标肌肉群的刺激。同时，保持肩部超过脚尖也能够确保动作的安全性，避免过度伸展或拉伤肌肉。在准备好以上动作后，双臂自然下垂，为接下来的练习做好最后的准备。此时，要注意呼吸的平稳和自然，不要憋气或过度喘气。

练习方法：内收肩关节，感觉背部发力将杠铃拉起，当杠铃靠近腹部时保持5秒钟，后有控制地还原。重复3—5组练习。

呼吸方法：小负荷练习时，上拉杠铃，即肌肉收缩用力时，应吸气以配合发力，这有助于为肌肉提供额外的氧气，使其更有力量完成动作。下放杠铃时呼气，大负荷练习时，上拉杠铃时呼气，其余吸气。

2. 俯卧异侧两头起

锻炼目标：竖脊肌、臀大肌、斜方肌下部。

起始姿势：自然俯卧，双腿自然伸直，双臂向上放于瑜伽垫上，准备练习。

练习方法：开始练习时同时抬起右侧手臂和左侧大腿，并努力提起至最高处，停留2秒钟，有控制地放下，再换另一侧。两侧都完成动作为1次完整动作，20个动作为1组，重复3—5组练习。

呼吸方法：用力时呼气，还原时吸气。

(五) 腿部肌群锻炼方法

1. 负重深蹲

锻炼目标：股四头肌、臀大肌、竖脊肌。

起始姿势：首先自然站立，双脚略宽于肩，屈膝，呈半蹲姿势；然后恢复站立姿势准备练习；注意练习的过程中脚尖始终与膝盖同方向，否则容易损害膝关节。

练习方法：收紧核心，臀部向后下方压，屈膝，使大腿与地面平行，然后腿部和臀部共同用力起身至开始的站立姿势，为一个深蹲动作。15 个为 1 组，重复 3—5 组练习。为了增加练习效果，可双手各持一个哑铃，或者在大腿上提前加一个弹力带，以增加运动的阻力。

呼吸方法：中、小负荷时，用力时呼气；大负荷时，站起时呼气。

2. 负重单腿下蹲起

锻炼：股四头肌、臀大肌、竖脊肌。

起始姿势：站立时，双腿保持一前一后的姿势，前后脚之间的距离大约相当于一步的长度。保持前脚稳定地站立在地面上，然后将后脚抬起，稳稳地放置在椅子上，确保脚面完全落在椅子表面。在整个运动过程中，务必注意身体的稳定性，避免出现扭曲或摇晃的情况。同时，要确保身体和双腿始终面向前方，不要偏离方向。

练习方法：核心肌群收紧，以维持身体的稳定性。随后，臀部开始下蹲，并将重心集中在前脚上。下蹲的过程中，要使前腿的大腿与地面保持平行，同时后腿的膝关节应避免触及地面，确保动作的正确性。特别需要注意的是，前腿膝关节在弯曲时，应避免超过脚尖，以防止不必要的压力和损伤。当下蹲到合适位置时，会明显感受到股四头肌和臀大肌的紧张与用力，这正是锻炼的目标肌肉群。完成下蹲后，用力将身体还原至起始姿势，确保动作流畅且有力。为了进一步增强锻炼效果，可以考虑手持哑铃或在大腿上绑上弹力带，增加动作的难度和阻力。在练习时，每条腿进行 15 次下蹲，构成一组完整的练习。为了巩固锻炼效果，建议重复进行 3—5 组练习。

呼吸方法：下蹲时吸气；向上时呼气。

第二节 心肺耐力锻炼方法

一 心肺耐力锻炼的运动处方

（一）运动强度

对于一般成年人来说，适宜的运动强度通常位于最大吸氧量贮备的40%—85%，或最大心率的55%（或65%）—90%。在此运动强度范围内，能够有效促进个体身体健康，同时避免过度运动带来的潜在风险。鉴于每个人的体质状况和健康状况各有差异，特别是青少年群体，其体质特点更为明显。若青少年体质状况相对较弱，参与体育活动时，应谨慎调整运动强度。为确保运动既安全又有效，建议适当降低运动强度。具体而言，针对体质较弱的青少年，推荐其从较低的运动强度开始，例如最大吸氧量储备的30%—60%，或最大心率的45%—75%。通过逐步适应并渐进式地提升运动强度，他们在保障健康的基础上，能够逐步增强体质，提升运动能力。

（二）运动持续时间

无论是持续训练还是间歇训练，为确保训练效果及心血管机能的提升，每次有氧训练的时间应控制在20—60分钟。这一时间范围的确定，与运动强度密切相关。当运动强度相对较低时，为确保足够的刺激和效果，每次有氧训练应至少持续半小时。此安排有助于身体逐步适应运动负荷，提高体能水平，同时防止因强度不足而影响训练效果。

对于高水平训练者，每次有氧训练至少应持续20分钟，以满足身体对运动的适应性和日益增长的需求。但值得注意的是，训练时间的延长并非无限制，而应根据个人体质及训练目标进行科学调整。

运动持续时间是影响心血管适能训练效果的关键因素。然而过度延长运动时间可能增加身体负担，从而提升运动损伤的风险。因此在进行有氧训练时，必须防止过度训练。

针对旨在提升心血管机能和增强体质的青少年，应采用长时间中等强度的训练模式。这种模式既能提供足够的训练刺激，又能降低因强度过高或时间过长而引发的运动损伤风险。此外，青少年在训练过程中应培养健康的运动习惯，合理规划休息和营养补充，以确保训练的顺利进行和身体的健康发展。

（三）运动频率

心肺耐力锻炼对于增进身体健康和提高体能具有显著作用，其核心方法主要依赖于有氧运动。有氧运动的特点在于其连续性、节奏性和适度强度，通过激发身体主要肌肉群的活跃性，进而提升心肺功能，增强耐力。此类运动包括但不限于慢跑、快步走、游泳和骑自行车等，它们均可有效促进心肺循环，提高身体对氧气的利用效率。

在实施心肺耐力锻炼时，运动频率的选择尤为关键。通常，每周进行3—5次有氧运动被认为是较为合适的。这一频率既能确保身体得到充分的锻炼，又能预防因过度运动而引发的身体疲劳或损伤。然而，具体的运动频率还需要综合考虑个人的健康状况、锻炼目的以及时间安排等因素。

（四）运动方式

针对青少年个体，发掘他们真正热衷且愿意长期投入的体育运动至关重要。因为这样的运动能激发他们的积极性，并在长期锻炼中为他们带来显著的身体和心理健康效益。鉴于每个人的训练目标各不相同，训练方法和内容亦需具备一定的针对性和专门性。举例来说，若青少年旨在提升肌肉适能，参与重量训练将是一个有效的选择。重量训练有助于增强肌肉力量和耐力，促进肌肉组织的生长与修复，进而提升整体的肌肉适能水平。而若目标是提高心血管适能，有氧运动则成为不可或缺的训练方式。有氧运动如慢跑、游泳、骑自行车等，能改善心肺功能，提升心血管系统效率，并增强身体对氧气的利用能力。

在进行有氧运动之前，充分的热身与准备活动具有不可替代的重要性。热身活动主要包括伸展练习，旨在针对躯干和四肢进行全面的伸展。此举不仅能有效降低运动损伤的风险，还能帮助身体更快地适应并进入正式的训练状态。在青少年刚开始进行有氧运动时，可能会经历肌肉酸痛的情况，这是正常的生理反应。随着训练的持续进行，这种疼痛感将逐渐减弱。但值得注意的是，若在训练过程中长时间中断或突然增加训练负荷，肌肉疼痛的现象可能会再次出现。因此，合理安排训练计划，避免过度训练，显得尤为重要。

在制订有氧运动训练计划和运动处方时，务必综合考量青少年的身体健康状况、运动历史以及训练目标等多重因素。在遵循这些计划和处方的前提下，需进行系统的训练，并在完成一个完整的训练周期后，对青少年的心血管机能进行全面的评估。根据测评结果，可以适时调整训练计划和处方，适当增加训练强度，以取得更好的训练效果。

二 心肺耐力的锻炼方法

（一）重复练习法

重复练习法，顾名思义，即通过反复执行同一练习，确保练习的结构、动作特点、运动负荷以及间歇时间等要素保持不变，从而实现对运动负荷的逐步增强和动作技能的深入提升。这种练习方法，其核心理念在于通过不断地重复，使身体逐渐适应并超越当前的负荷水平，进而达到提高运动表现和技能掌握度的目的。

在实际应用中，重复练习法常被广泛应用于提高心肺耐力的训练中。心肺耐力，作为身体素质的重要组成部分，对于青少年和普通人来说都至关重要。通过重复练习法，可以有效地增加心肺系统的负荷，提高心肺功能，进而增强身体的持久力和抵抗力。

具体来说，重复练习法可以细分为两类。

1. 按练习时间长短分类

按照练习时间的长度可分为短时重复练习、中时重复练习和长时重复练习。短时一般是指持续时间不足 30 秒的高强度、高难度训练；中时重复练习的时间一般在 2 分钟之内，常常用于整套技术动作的练习；长时重复则指 2—5 分钟之间的动作练习。

2. 按训练间歇方式分类

最常见的是连续重复练习和间歇重复练习两种。不同重复方法具有不同的练习侧重点，但是基本上而言，重复练习法都有很好地巩固技术动作和身体机能的作用。

(二) 间歇练习法

间歇练习法就是通过控制每组练习之间的休息时间，来达到提升某种身体素质的目的。因为练习间歇时间的长短，与练习目的、练习强度和练习效果存在着密切关系。

在提升心肺适的练习中，一般会控制练习负荷适中，然后在身体未完全恢复时再进行下一组的练习，即缩短休息时间，使心肺功能得到提升。此外，通过同时练习和休息的时间，还可以保证在每次练习期间，让青少年的心率都处于最佳范围内，这不仅有助于提高和改善心脏泵血功能，还能有效地控制运动的安全性。

(三) 持续练习法

发展心肺适能的关键方法在于持续的练习，即通过逐渐增加训练时间来增强心肺功能。实践证明，长跑和长距离游泳是极为有效的锻炼方式。这些活动的共同特征在于其连续性和适度的运动强度，它们通过延长运动时间来逐步提升运动负荷。在具体实践中，持续练习法可细分为变速训练和匀速训练。变速训练指的是在进行较长时间运动时，适时调整运动强度的方法。为确保效果，运动强度的变化应控制在个人最大强度的 70%—90% 之间，同时保持心率在每分钟 140—180 次之间。而在进行匀速训练时，应保持恒定的运动强度，并确保其处于有氧代谢的适宜范围内，即心率维持在每分钟 150—170 次之间。此外，每次匀速练习的时间应维持在大约 30 分钟。

第三节 柔韧性锻炼方法

一 柔韧性的锻炼原则

为增进身体的柔韧度、提升运动表现，并有效规避运动损伤风险，确保运动安全，在进行柔韧性锻炼时，必须严谨遵循以下若干原则。

（一）做好准备活动

在展开柔韧训练之前，采取小跑步的方式可以有效地促进体温的逐步升高，这是一种极为有效的热身方式。随着体温的逐步升高，肌肉与肌腱的黏滞性相应降低，这种变化提升了它们的柔韧性和伸展性，使其更为柔软，更容易进行拉伸和弯曲。这种状态对于接下来的柔韧训练至关重要，它为训练提供了极为有利的条件。

在肌肉与肌腱处于理想的运动状态时，柔韧训练的效果会得到显著的提升。此时，拉伸动作更为流畅自如，同时肌肉和肌腱的伸展范围也得到了扩展，这有助于提高身体的柔韧性和灵活性。此外，良好的肌肉状态还能进一步增强肌肉的力量和耐力，为更高强度的运动奠定坚实的基础。进行小跑步热身还能有效降低肌肉拉伤的风险。在体温较低、肌肉较为僵硬的情况下进行柔韧训练，容易因过度拉伸或动作不规范而导致肌肉拉伤。而小跑步热身能使肌肉逐渐适应运动状态，从而降低因突然拉伸而引发的损伤风险，确保训练的安全与有效。

（二）柔韧练习要与呼吸相配合

在柔韧练习中，配合深呼吸是至关重要的。通过有节奏且深沉地呼吸，能够促进身体的放松，确保肌肉和肌腱在拉伸时能够自然地舒展和延伸。这种呼吸方式不仅有助于缓解紧张情绪，还为肌肉提供充足的氧气，促进血液流通，从而提升柔韧练习的整体效果。相比之下，若在柔韧练习时选择憋气或屏气用力，将导致身体僵硬，动作不协调。这种做法不仅会降低练习效果，还可能增加肌肉拉伤的风险。因为憋气用力会使肌肉过度紧绷和收缩，超出其正常伸展范围，极易引发肌肉或肌腱损伤。因此，在柔韧练习中应当注重配合深呼吸，以确保练习的安全性和效果。

（三）运动前后做拉伸运动

在日常生活中，众多个体均深刻认识到运动前进行拉伸练习的重要性，因为它在预防运动伤害和提升运动表现方面具有显著作用。然而另一个同样关键但常被忽略的环节，即运动后的拉伸练习，同样值得我们关注。经过运动锻炼后，进行拉伸练习所带来的益处远超过单纯的肌肉舒缓。通过科学的伸展与轻微挤压，拉伸能够深入肌肉组织，促进细胞内部物质代谢与能量转换的效率。这意味着在运动后执行适当的拉伸动作，可以有效地加快肌肉中乳酸等代谢废物的排出，从而显著缓解肌肉酸痛和疲劳的症状。此外，运动后的拉伸练习在提升肌肉弹性和伸展性方面也发挥着重要作用。经过剧烈的运动，肌肉纤维可能因紧张而缩短，而拉伸练习则有助于肌肉纤维恢复到原有的长度和弹性，使肌肉更加柔软、灵活。这种改善不仅有助于提升肌肉的外观美感，更能够降低因肌肉僵硬而增加的运动损伤风险。

（四）拉伸动作缓慢而温和

在进行拉伸时，必须严谨避免猛烈或急躁的压迫动作。拉伸的本质在于利用肌肉与肌腱的弹性和延展性，通过渐进且稳定的拉伸动作，逐步刺激肌梭神经和肌腱感受小体，释放神经信息，进而逐步提升肌肉的伸展潜力和耐受能力。这一过程需要耐心和细心，不可急于求成。

进行动态适能或静态适能拉伸练习时（静态适能拉伸需持续30秒以上），应确保拉伸动作温和且流畅。动态适能拉伸通过连续的伸展动作，协助肌肉逐步适应并扩大伸展范围；而静态适能拉伸则通过维持特定伸展姿势一段时间，使肌肉在稳定的伸展状态下得到充分的舒展与放松。

在拉伸过程中，必须避免拉伸不足或过度用力、借助外力等不当行为。拉伸不足将严重影响拉伸效果，而过度用力或借助外力可能超出肌肉和肌腱的承受能力，导致损伤或拉伤。因此，进行拉伸时，应始终保持对身体的感知与控制，确保拉伸动作既充分又安全。

（五）替换拉伸不同肌群

一个动作的顺利完成，并非单一肌肉所能完成，而是需要一组或一群肌肉的协同工作。这些肌肉各自位于不同的解剖位置，扮演着不同的角色，它们相互协作，共同完成各种复杂的动作。因此，在进行拉伸练习时，需要根据肌肉的解剖位置和功能特点，设计不同的拉伸动作，以充分拉伸到每一块参与动作的肌肉。

除了关注主要参与动作的协同肌的拉伸外，还需要特别留意那些与协同肌方向相反的颉颃肌。颉颃肌在动作中起着平衡和稳定的作用，它们与协同肌相互拮抗，共同维持着身体的动态平衡。如果在拉伸过程中只关注协同肌而忽略了颉颃肌的拉伸，就可能导致颉颃肌的过度紧张或拉伤，从而影响动作的完成和身体的健康。

（六）拉伸幅度适度

在进行拉伸练习时，练习者常常会体验到一种被称为"张力感"或"酸胀感"的感觉，这是正常的生理反应。这种感觉表明相关肌肉正在被适当地拉伸，并逐渐进入更放松和延长的状态。这种感觉对于练习者而言是有益的，因为它有助于感知肌肉的伸展程度，并提醒练习者保持正确的拉伸姿势和力度。然而如果在拉伸练习过程中，练习者感到明显的肌肉疼痛，那么应立即警惕。这种疼痛可能意味着肌肉或肌腱已受到过度的拉伸或压力，如果不及时停止练习，可能会导致损伤。因此在进行拉伸练习时，练习者应当密切关注自身的感受，根据实际情况调整拉伸的幅度和力度，以确保练习的安全性和有效性。

二 影响柔韧性的因素

(一) 紧张因素

运动员的心理情绪状态对其身体各部位的工作表现具有显著影响，这种影响主要通过中枢神经系统和体液调节等生理机制实现。适度的紧张情绪可以在一定程度上促进运动员的柔韧表现，然而当紧张情绪过度强烈或持续时间过长时，将会抑制身体各部位的正常活动，包括柔韧能力。因此，运动员在比赛中应学会合理调节和控制自己的情绪，以保持良好的竞技状态。

(二) 环境温度和时间因素

科学研究显示，当环境温度保持在18°以上时，人体的柔韧素质能够得到最佳展现。不仅如此，人体在一天的不同时间段，其柔韧性也会呈现出明显的变化。除了外部环境中的温度变化会对柔韧性产生影响外，生物体本身在一日之内的生理机能状态变化也是一个重要因素。具体来说，人体在刚睡醒时，由于肌肉还未完全恢复活力，柔韧性通常较差。然而，随着时间的推移，到了中午时分，人体的柔韧性相较于早晨会有所提升。选择在早晨进行柔韧性练习，其背后的原因在于，经过一夜的充分休息，肌肉内的张力得到了有效的调整，多余的肌肉紧张已得到消除，使肌肉处于较为松弛的状态。在这样的状态下，进行柔韧性练习会更为容易，也更能有效地拉开韧带，提升柔韧素质。

(三) 肌肉和韧带组织的弹性因素

肌肉和韧带组织的弹性是影响柔韧素质的重要因素。它们像身体中的橡皮筋，能够在一定的范围内伸缩，为身体的灵活性和活动范围提供了基础。而这种弹性的好坏，往往决定了身体的柔韧程度。

谈及肌肉与韧带的特性，遗传因素占据主导地位。每个人的身体构造、肌肉纤维类型及韧带结构，均受到遗传的深刻影响。所以，有些人天生肌肉柔软、韧带松弛，展现出卓越的柔韧性；而另一些人则可能肌肉较为僵硬、韧带紧张，导致柔韧性相对较弱。除了遗传，性别、年龄和中枢神经系统兴奋性也对肌肉与韧带的特性产生显著影响。例如，女性通常比男性拥有更高的柔韧性，这可能与女性的生理结构、肌肉和韧带特性有关。此外，随着年龄的增长，肌肉和韧带逐渐失去弹性，柔韧性也会相应下降。

中枢神经系统在调节身体功能方面发挥着至关重要的作用，它如同身体的"指挥官"，对身体各部分进行精确控制。特别地，中枢神经系统对柔韧能力的影响尤为显著。当个体情绪高涨时，中枢神经系统的兴奋性会相应提升，这种变化进而会对肌肉和韧带的弹性产生积极影响。以重要比赛为例，青少年在比赛中常表现出高涨的情绪，这使得他们的中枢神经系统兴奋性提高，从而促使肌肉和韧带组织的弹性得到更好的展现。所以在比赛中，青少年往往能够展现出比平时锻炼时更为卓越的柔韧能力。

（四）关节结构因素

关节结构的柔韧性受到遗传基因的稳定影响，其变化相对较为有限。尽管锻炼可以在一定程度上改变关节内软骨的形态，但这种变化仍然受到关节活动许可范围的限制，无法通过锻炼完全改变关节结构的柔韧性。因此，关节的柔韧性主要受到遗传因素的影响，而锻炼只能在一定程度上起到辅助作用。

（五）关节周围组织的体积因素

关节周围组织的体积是影响柔韧性的重要因素。这种体积的大小通常受到遗传基因的控制。值得注意的是，如果运动员通过高强度的锻炼导致关节周围组织体积增加，那么这可能会对关节的活动范围产生一定的限制作用。因此在运动员的训练过程中，应当合理控制锻炼强度，以避免对关节周围组织的体积产生过大的影响，从而保障运动员的柔韧性和运动表现。

三　柔韧性锻炼的具体方法

锻炼柔韧素质的方法丰富多样，通常依据锻炼目的的不同，将其划分为一般柔韧素质和专项柔韧素质两大类。在此，不深入讨论专项柔韧素质的锻炼方法，因为每种专项都有其独特的需求和锻炼方式。相比之下，一般性柔韧素质作为专项柔韧发展的基石，其锻炼方法更具普遍性和适用性。

针对一般性柔韧素质的发展，可以将其进一步细化为动力性和静力性两种锻炼方式。动力性柔韧锻炼注重通过连续、流畅的动作来拉伸肌肉和关节，提高身体的柔韧性和灵活性；而静力性柔韧锻炼则强调通过保持某一姿势或动作，使肌肉和关节在持续拉伸中得到锻炼。

基于这两种锻炼方式，可以提出七种具体的一般性柔韧素质锻炼方法。

（一）颈部柔韧练习

1. 静力性练习

通常采用的方式是将头部尽可能地向前弯曲、向后伸展，或向左右侧倾至最大角度，随后保持一段时间的静止不动。

2. 动力性练习

训练者需要在尽可能宽泛的活动范围内，进行头部的绕环运动。另一种方式是由训练者双手托住下颌，进行头部向左、右方向的动态运动训练。

（二）肩关节柔韧练习

1. 静力性练习

为提升肩部稳定性和灵活性，将采用正面、反面和侧面三个方向的压肩、控肩、搬肩练习。

2. 动力性练习

为确保运动效果与安全性，应使用双手握持棍棒进行转肩动作训练，同时也可借助弹力带辅助完成拉肩、转肩及轮臂等练习。

（三）肘关节柔韧练习

1. 静力性练习

可以采取屈肘、反关节压肘的方式，将其活动范围扩大至最大程度，并在安全范围内维持一段时间，以促进关节的适应和恢复。

2. 动力性练习

一种常见的练习方法是进行肘部圆周运动。首先保持肩关节稳定不动，确保上臂平行于地面，接着以肘关节为中心进行圆周运动。

（四）腕关节柔韧练习

1. 静力性练习

采用屈腕和伸腕至其最大活动范围，并在该范围内维持一段时间的静止练习。

2. 动力性练习

通过实施手腕绕环运动及抖腕运动等科学锻炼方式。

（五）腰部柔韧练习

1. 静力性练习

采用下腰和控腰两种方式，这两种方式都需要特别注意用力要缓慢，以避免造成不必要的伤害。

2. 动力性练习

可以选择腰部绕圈和扭腰等技巧，但必须谨慎控制力度，避免过度用力。

（六）髋关节柔韧性练习

1. 静力性练习

进行腿部伸展、腿部控制、纵向劈腿、横向劈腿以及抱腿前屈等规范化训练。

2. 动力性练习

采用如下动作：搬腿、向前及侧面踢腿、外摆腿，以及盘腿压膝等。

（七）膝关节柔韧性练习

1. 静力性练习

主要有压膝和屈膝两种方法。

2. 动力性练习

采用膝绕环、快速蹲立练习。

第四节 平衡性锻炼方法

平衡性对于推动其他身体机能的提升具有举足轻重的作用。通过科学训练与精心打磨，平衡能力的增强不仅能够大幅度提升全身协调性能，更能为其他身体素质的表现与发挥提供坚实保障。

一 平衡性锻炼的基本原则

（一）重视对四肢的锻炼

尽管核心力量在维持身体稳定性、重心以及力量传递方面扮演着至关重要的角色，然而，它并非平衡力表现的唯一决定因素。实际上，核心力量仅对平衡力起到部分影响作用。为了全面掌握平衡力，还需要特别注重四肢平衡力的锻炼。因为人体的平衡能力并非仅仅依赖于核心肌群，其他所有与平衡直接相关的部位同样重要，其中四肢尤为关键。以体操项目为例，这些运动对平衡力的要求极高，而平衡力的实现往往在很大程度上依赖于手或脚的支撑。如果在锻炼计划中忽视了对手部或脚部支撑平衡能力的训练，那么这样的锻炼计划显然是不完整的。值得注意的是，手部的平衡力锻炼往往是被忽视最多的环节。

（二）重视力量锻炼

在平衡性的锻炼过程中，往往容易忽视力量训练的重要性。事实上，诸如爆发力、绝对力量等力量训练项目均对青少年的平衡性有着严格的要求。青少年在执行带负荷动作时若遇到平衡性不足的问题,可能会遇到多方面的挑战。原因在于力量在维持平衡中扮演着至关重要的角色。当青少年的力量基础尚不稳固时,他们在执行某些动作时的表现往往会受到显著影响。此外,优质的力量素质还能显著提高神经系统对肢体的控制能力,从而进一步巩固平衡能力。因此,在寻求突破平衡力锻炼的瓶颈阶段,青少年需要特别重视加强神经系统对肢体的控制能力。通过综合力量训练与平衡性训练,能够全面提升青少年的身体素质,使他们在各类运动中表现出更加卓越的能力。

(三) 缩小锻炼空间

经过科学验证,通过调整锻炼环境或目标,可以有效提升个体的平衡能力。与协调性锻炼有异曲同工之妙,此方法基于挑战适应性原理。当锻炼者面对更具挑战性的环境或任务时,身体会本能地调动更多的平衡机制,并集中注意力以应对挑战,从而促进平衡能力的提升。以踩平衡垫摸桶这一训练活动为例,训练初期,参与者需站立于平衡垫之上,尽力触及放置于特定距离的桶。随着平衡技能的不断增强,训练难度可逐步加大,如将桶替换为体积更小、触及难度更高的目标,如小球。在此过程中,参与者需更加精确地调控身体平衡与稳定性,方能成功触及小球。此训练不仅有助于提升参与者的平衡技能,更可增强其身体的协调性与稳定性。此种渐进式增加难度的训练方法,不仅帮助参与者逐步适应更具挑战性的环境,更能有效提升其在日常生活中对平衡的感知与调节能力。

二 平衡性锻炼的基本方法

(一) 弹跳床

1. 弹跳床上动态平衡站姿

弹跳床能够帮助锻炼者提升身体的动态平衡能力。站在弹跳床上,身体需要不断地适应床面的上下弹跳,这本身就是一种挑战。为了保持身体的平衡，锻炼者需要集中注意力，不断调整身体的重心，变换各种动作。

2. 平衡床上高抬腿

平衡床上高抬腿训练，是一种集趣味性与挑战性于一体的运动方式。在弹力床上实施高抬腿锻炼时，锻炼者需维持身体平衡，同时保持抬腿动作的频率稳定。这一运动形式不仅能够增强身体协调性，还可以有效提高心肺功能。

（二）平衡垫

1. 踩平衡垫摸桶

在正前方及左右两侧适当位置，分别设置三个稳固的小桶，确保双手可轻松触及。随后双足立于平衡垫之上，以维持身体平衡。接着采取下蹲姿势，逐一触摸小桶，每次仅触摸一个，完成后起身，再下蹲以继续触摸下一桶。

2. 穿行平衡垫

在地面上单排放置一列平衡垫，它们之间的距离以一步为宜。然后站在平衡垫的一侧，开始平稳、匀速地踩过每一个平衡垫，直到到达另一端。在这个过程中，需要保持身体的平衡和稳定，控制好脚步的落点，确保每一步都准确地踩在平衡垫上。

3. 平衡垫拍球

双脚各踩一个平衡垫，在动态平衡的前提下做拍球练习。

（三）悬吊锻炼

1. 上肢锻炼

（1）双臂俯卧撑。双手紧握吊环，双脚并拢，双臂伸直，进行俯卧动作。在整个锻炼过程中，每个动作的完成时间应为 2 秒。完成动作后，需立即重复相同动作，总计进行 10 次。控制锻炼组数在 5—10 组之间，每组之间的休息时间不应超过 50 秒。在锻炼时，务必保持身体平衡，避免腿部发力。特别是在屈肘时，更应保持身体稳定。

（2）双臂仰卧屈臂上拉。仰卧于舒适的垫子上，双臂自然伸直，紧握悬吊环，双脚并拢，为接下来的锻炼做好准备。在锻炼过程中，屈臂上拉的动作应当缓慢而有力，以确保肌肉的充分拉伸与收缩。当身体与地面形成约70°夹角时，应逐渐还原身体至起始姿势，保持动作的稳定和连贯。每组动作完成13次，这样既能有效锻炼肌肉，又不会因过度运动而导致疲劳或受伤。每组动作完成后，应休息50秒，以便肌肉得到充分的恢复。每次锻炼的组数可根据个人情况控制在5—10组之间，以达到最佳的锻炼效果。

2. 下肢锻炼

运动员在进行悬吊绳拉伸训练时，应背对悬吊绳站立，并将一只脚套入悬吊环中。接下来，运动员应缓缓下蹲，保持身体与地面平行，同时移动悬吊的脚。当感受到拉伸感后，运动员应还原动作。运动员应完成10—15组这样的动作，每组包含25次。完成一组后，应换另一只脚进行交替锻炼。在整个过程中，运动员需要保持身体绷直，确保下蹲时膝关节始终位于脚尖上方。

3. 核心区域的锻炼

（1）双肘静力支撑双腿悬吊。首先，运动员需坐于专用垫子上，将双腿交叉置于吊环之下。随后，双手紧握吊环，并将双脚套入环中，以确保稳定。在准备好后，运动员需伸展双臂以形成支撑姿态，维持此状态约45秒。完成一组动作后，应休息45秒，然后重复进行，总共进行3组，以保证训练效果。在整个训练过程中，运动员需确保躯干始终保持水平，且呼吸节奏应保持稳定，以确保训练的安全与有效性。

（2）仰卧双腿悬吊挺髋。运动员应首先紧握悬吊环，随后将双脚脚跟稳妥挂住。在仰卧时，需确保双肩紧贴垫子，身体舒展并呈自然放松状态。当进行屈膝动作时，应确保动作缓慢且稳定，同时需保持双臂固定，提髋至适当高度后，应维持静止状态达45秒。完成此组动作后，应间隔45秒再开始下一组，共需完成3组。在整个锻炼过程中，务必保持动作匀速，身体紧绷，同时维持均匀的呼吸节奏。

第四章
青少年运动体能锻炼实用方法

在现代社会，随着生活节奏的加快和电子产品的普及，青少年普遍面临着缺乏运动、身体素质下降等问题。因此，加强对青少年运动体能锻炼的引导与培养，显得尤为重要。通过科学合理的锻炼方法，不仅可以提升青少年的身体机能，还有助于预防运动损伤、提高学习效率、增强自信心。

第一节 神经感官机能锻炼方法

神经感官机能的锻炼方法多种多样，概括来说，主要包括以下几种。

一 运动锻炼法

运动，作为一种全身性的活动，是锻炼神经感官机能的重要途径之一。对于青少年来说，参与各类运动不仅可以强健体魄，更能够显著提升他们的身体协调性和反应速度。

以慢跑为例，这项运动看似简单，实则对神经感官机能的锻炼效果显著。在慢跑过程中，青少年需要时刻调整步伐、呼吸和节奏，这都需要神经系统的精准调控和感官信息的迅速处理。随着跑步时间的延长，他们的身体协调性会得到逐渐提高，反应速度也会变得更加敏捷。

举重训练对青少年神经感官机能的提升具有显著作用。在举重过程中，青少年需全神贯注，深入感受肌肉的每一次力量输出、紧缩与松弛。这种对肌肉运动细节的精确感知，实际上得益于神经系统的精细调节。经过长期系统的举重锻炼，青少年的神经传导效率将逐渐提高，显示出其神经系统在信息的接收与传递过程中变得更为迅速和精确。同时，随着训练的深入，他们的肌肉力量也将持续增强，为身体的协调性与稳定性提供了坚实的支撑。

瑜伽作为一种身心并重的锻炼方式，在锻炼青少年神经感官机能方面同样展现出显著的效果。在瑜伽的练习中，呼吸练习是至关重要的一环，它要求青少年通过深呼吸来放松身心，感受气流在体内的流动，这不仅能够增强呼吸系统的功能，还能够促进神经系统的平静与稳定。体式练习要求青少年在精确的身体伸展与平衡中，细心体会身体的微妙变化，每个动作都需要细致的调整与感知。这一过程旨在锤炼身体的柔韧性与协调性，同时提升神经系统的反应速度与精确度。冥想练习则侧重于引导青少年通过专注与内心的沉思，实现心灵的宁静与放松。通过觉察内心的波动来调整神经系统的状态，进一步增强感官的敏锐度和反应速度。经过长期的瑜伽训练，青少年的神经系统将得到有效放松与舒缓，进而实现身心的和谐与健康状态。同时，他们的感官机能也将得到进一步提升，使他们能够更敏锐地捕捉外界信息，并作出更精准的判断与反应。此外，参与如打乒乓球等球类运动同样是锻炼神经感官机能的有效途径。这类运动要求青少年迅速判断球的运动轨迹和速度，并快速做出相应的反应，这对于神经系统的反应速度和协调性提出了极高的要求。通过长期的球类运动锻炼，青少年的神经感官机能将得到全面的提升。

二 感觉训练法

感觉训练是一种针对性强且效果显著的锻炼方法，其核心在于通过特定的刺激来增强感觉器官的功能，进而提升个体的感知能力。对于正处于生长发育关键期的青少年而言，感觉训练的重要性不言而喻。

在视觉能力培训方面，青少年可采取多元化的训练方法。例如，使用视力训练设备，这些设备通常融入了多种视觉刺激模式，旨在锤炼青少年的眼球运动技巧，提升其视力敏锐度和视野广度。同时，参与视觉游戏亦是一种富有成效的学习方式，游戏中的丰富色彩、形状和动态元素能有效激发青少年的视觉兴趣，进而促进其视觉神经的成熟与发展。

听觉能力的培育对于青少年而言同样至关重要。通过专业的听力训练设备，青少年得以暴露于多元化频率和强度的声音环境中，从而有效地锻炼其听觉神经的敏锐度和辨识力。而听力游戏的运用，不仅能够营造轻松愉悦的学习氛围，还能在游戏中潜移默化地提升青少年的听力水平，教会他们辨识各种声音信号，并加快其听觉反应速度。

在感觉训练中，触觉训练占据了举足轻重的地位。借助触摸治疗法，青少年通过与不同材质、形状和温度的物体进行接触，得以深刻体验世界的多样性，进而提升其触觉感知能力。而温度疗法作为一种特殊的训练方法，通过冷热刺激来锤炼青少年的触觉神经，有助于他们提高对温度变化的敏感度和适应能力。

三　冥想与观察法

冥想作为一种经过科学验证的神经感官机能提升方法，对于青少年而言具有显著益处。通过冥想训练，青少年能够有效缓解身心压力，提升专注力和集中力，并加强对外部信息的感知能力。同时，积极观察环境也是一种非常实用且高效的锻炼方式。通过提高视觉、听觉、嗅觉、味觉和触觉等多种感官的参与度，青少年可以显著增强对周围世界的敏锐感知力。这些锻炼方式不仅有助于青少年的个人成长和发展，也有助于提高他们对外界环境的适应能力和应对能力。

四 挑战自我法

挑战自我对于锻炼神经感官机能具有重要意义。青少年可通过参与解谜游戏、学习新技能、阅读多元书籍等方式，积极锻炼自身大脑与神经感官系统。此类活动不仅有助于提升青少年的逻辑思考能力、问题解决能力和创造力，更能激发他们的好奇心与求知欲。在持续探索未知、接触新鲜事物的过程中，青少年不仅能够增强认知能力，还可能发掘自身兴趣所在，从而促进个人全面发展。此外，自我挑战的过程亦有助于培养青少年的自信心，使他们学会在面对新挑战时保持积极态度，为未来的生活与学习奠定坚实基础。

五 生活习惯调整法

为提升神经感官机能，必须养成健康的生活习惯。对于青少年而言，保证充足的睡眠时间至关重要，应避免长期熬夜。因为，良好的睡眠是大脑得以充分休息和恢复的必要条件。

均衡的饮食对神经系统健康成长具有至关重要的作用。为确保神经系统的正常运作，应减少对油腻和辛辣食物的摄入，同时增加富含蛋白质、维生素和矿物质的食物摄入。这些营养素对神经系统的正常功能具有直接且积极的促进作用。此外，青少年应合理控制使用电子产品的时间。长时间注视屏幕不仅可能加重眼睛的负担，还可能引发注意力分散、睡眠质量下降等问题，进而对神经感官机能产生不利影响。为了维护身心健康，青少年定期参与户外活动，如散步、骑行或其他体育运动。这些活动不仅有助于提升身体健康水平，还能舒缓心情，减轻视觉和神经系统的压力。

通过上述生活方式的调整和优化，青少年可以有效提升自己的神经感官机能，从而在学习和生活中展现更好的状态。此外，这些健康习惯还有助于培养青少年的自律能力，为他们的长期发展奠定坚实的基础。

第二节 爆发力锻炼方法

在所有抗阻训练的范畴中,爆发力训练是技术要求最高、专注度需求最大,同时也最容易因疲劳而受影响的一项。由于爆发力训练涉及众多肌肉群的协同工作,其能量消耗之大,往往超乎想象。因此,为了确保训练效果与安全性,通常在训练课的伊始就安排爆发力训练。本节将阐述几种常见的爆发力锻炼方法。

一 杠铃哑铃爆发力锻炼方法

(一) 快速高拉

1. 方法步骤

(1) 将杠铃稳稳地放在地面或选择距离身体两侧约50厘米高的支撑物上,确保它放置稳固,不会因动作幅度过大而移动或滑动。

(2) 站立于杠铃前方,双脚开立,与肩同宽,以维持身体的平衡。接着,屈膝半蹲,背部保持挺直,避免在提拉杠铃时腰部受伤。双手正握住杠铃杆,双臂自然伸直,握距与肩同宽。

(3) 准备完毕后,从半蹲姿势开始,双脚用力踏地,借助地面的反作用力,迅速伸腿、伸髋,同时挺直后背,形成一个连贯而有力的动作。在这个过程中,腿、腰、臀、背等部位的肌肉需要依次自下而上爆发性发力,以便快速将杠铃提拉至腰际。当杠铃被提拉至腰际时,顺势紧接一个直立划船的动作,使杠铃继续向上移动。发力时,要有一种将杠铃向上抛的感觉,但又要确保控制力,避免杠铃失控。当杠铃达到腰际高度时,可以依靠惯性踮脚或进行一次小跳,以进一步提升提拉的高度和提拉的效果。

(4) 完成一次提拉后,需要恢复至初始姿势,以便进行下一次练习。在恢复过程中,要注意保持身体的平衡和稳定,避免因为动作过快或力量不足而受伤。反复练习，逐渐提高动作的熟练度和力量水平，以达到更好的锻炼效果。

2. 要求

整个动作完成的速度要求快捷而流畅，所用时间要尽可能短，以展现出高效的爆发力和出色的体能。在动作执行过程中，腿、腰、臀、背等关键部位需要依次发力，形成连贯而有力的动作链，以带动杠铃的顺利上拉。在这一系列动作中，控制全身的协调力尤为重要，只有各个部位配合得当，才能确保杠铃平稳且高效地提升到预定位置。

为了最大化锻炼效果，需要尽可能高地提起杠铃。这不仅要求有足够的力量和技巧，还需要在动作过程中保持专注和稳定。当杠铃被提拉至最高点时，可以感受到全身肌肉的紧绷和力量的释放，这也是这个动作最具挑战性和成就感的部分。

(二) 快速高翻

1. 方法步骤

（1）杠铃稳定地放置于地面上，双手的间距应与肩宽相等或略宽，以确保握持的稳固性。紧握杠铃杆，感受其重量在指尖传递的沉稳力量。同时，保持挺胸抬头的姿势，使背部和胸部肌肉得到充分的伸展，从而增强身体的稳定性。此外，收紧腰背，放松肩部，避免肩部过度紧张，手臂也应放松，为接下来的动作做好充分的准备。

（2）从下蹲姿势开始，双脚踏实地面。随着深呼吸，腿部肌肉开始发力，蹬腿动作迅速而有力，同时伸髋动作紧随其后，与蹬腿形成连贯的发力链。在这一过程中，提铃动作自下而上依次快速用力，确保杠铃平稳而迅速地上升。

（3）当杠铃提升至接近胸上部时，动作进入关键阶段。此时需要严格控制下蹲的节奏和幅度，以确保杠铃的稳定。同时，翻肩、屈臂、翻腕支撑等一系列动作需要迅速而准确地完成。出肘接杠的时刻需要掌握好时机，快速而准确地将杠铃接到锁骨上。随后，蹬直身体，使身体呈直立姿势，完成整个动作。

2. 要求

快速而流畅地完成整套流程，在整个过程中，要时刻保持挺胸姿势，避免含胸影响动作的准确性和安全性。在握住杠铃时，要注意拉铃的时机，过早或过晚都可能影响动作的连贯性和效果。此外，务必避免甩铃的动作，这不仅可能导致杠铃失控，还可能造成身体受伤。下蹲时，要注意保持挺胸收腰的姿势，确保杠铃紧贴小腿，以保持身体的稳定性和平衡性。翻肩、翻腕的时机要准确掌握，这是确保杠铃能够顺利提升至胸上部并稳定接住的关键。

在接杠的过程中，躯干应略微前倾，这样有助于更好地控制杠铃的平衡和稳定。另外，要确保重心的垂直线落在脚掌中间，这样能够提供足够的支撑力，防止身体晃动或失去平衡。

（三）快速抓举

1. 方法步骤

（1）需要确定抓握杠铃的具体位置，并保持正确的握姿。将杠铃轻靠在髋部，同时屈膝并挺直背部，用身体的力量将杠铃夹紧。接着，手臂向外伸直，这个距离便是抓举时抓握的合适宽距。在握杠时，需要采用锁握的姿势，即四指覆盖在大拇指上，这样可以增加握持的稳定性。为了进一步增强握持的牢固度，还可以让大拇指再盖住无名指，形成双重的固定效果。

（2）在确定了抓握位置并调整好握姿后，接下来需要做好上拉前的准备姿势。身体背部要保持挺直，杠铃轻轻靠在大腿上，双膝向前向外弯曲，以降低身体重心，臀部要与杠铃保持同步的移动。这个姿势有助于在向上提杠时更好地发力，并保持身体的平衡。

（3）在充分准备好起始姿势后便可以开始进行杠铃上提的动作。在此过程中，重心务必稳固于脚后跟，借助有力的蹬地动作以及耸肩等技，将杠铃逐步上拉。在上拉的过程中，杠铃紧贴身体，这样可以有效降低阻力并增强稳定性。同时尽量延长脚后跟离地的时间，以便更充分地利用腿部力量，进而提升整体的爆发力。

(4) 屁股向后坐,肩膀向前靠,同时收紧背阔肌,让杠铃压在大腿上,重心落在脚后跟前侧。在翻杠过程中,杠铃要贴着大腿向上拉,脚踝、膝盖以及髋部都要充分拉伸,以协助完成翻杠动作。耸肩将杠铃提起、向上举过头顶,这需要一定的技巧和力量控制。

(5) 为了熟练掌握抓举动作并提高爆发力,需要进行反复的练习。在练习过程中,可以逐步降低杠铃的位置,以挑战身体的极限并提高适应能力。在学会标准抓举动作之后,还需要根据自己的体重和技术掌握的熟练程度来确定合适的抓举重量。通过不断练习成套动作,可以逐渐提升爆发力,并在实际比赛中取得更好的成绩。

2. 要求

整套抓举动作要求连贯而快速,每一个细节都需精准而迅速地完成,以确保整体动作的高效和流畅。从准备姿势开始,身体各部位就已经做好了发力的准备,一旦开始动作,便需要依次发力,形成连贯的发力链。

在这个过程中,各身体肌群的协同工作至关重要。腿部肌群首先发力,为整个动作提供稳定的基础;接着是腰部和背部肌群的收紧,它们为杠铃的上升提供了强有力的支撑;最后,手臂和肩部肌群的快速收缩,确保杠铃能够顺利地翻至胸前并稳定接住。

其中,翻肩和上推的时机掌握尤为关键。翻肩动作需要在杠铃上升至合适高度时迅速完成,以确保杠铃能够平稳地过渡至胸前;而上推动作则需要在翻肩完成后立即进行,以将杠铃稳稳地举至头顶。这两个动作的时机掌握得当,不仅能够提高动作的连贯性和稳定性,还能够有效减少能量的损耗,提高整体动作的效率。

(四) 连续快挺

1. 方法

(1) 双手稳稳地持住杠铃,随后,通过一系列流畅的动作,翻肩、翻腕,将杠铃准确地放置于颈前。双脚前后开立,保持身体的平衡,为接下来的动作做好充分的准备。

(2) 降低身体重心，这是为了在后续的发力过程中获得更好的稳定性。紧接着，双腿快速蹬地，产生强大的爆发力。与此同时，双臂顺势上拉，与腿部动作形成完美的协同，快速上举杠铃。在这一瞬间，双腿形成弓箭步，直臂支撑杠铃，展现出惊人的力量与控制力。

(3) 进行连续爆发式前推动作。每一次推动都需要全力以赴，确保杠铃能够稳定而迅速地向前移动。同时，双脚协调垫步交换，为前推动作提供持续的动力。

(4) 针对不同的训练负荷，训练方式需进行相应调整。在高负荷情况下，为确保训练动作的质量与安全性，建议以单次形式完成各动作。相反，在低负荷情境下，为提升训练总量，可采取多次重复的方式进行。普遍而言，对于较轻的负荷，推荐重复进行至少 30 次，甚至更多，以实现更佳的训练成效。

2. 要求

整套动作要求快速而连贯，每一个细节都需要精确而流畅地完成。从准备姿势开始，下肢与上肢就已经做好了协调配合的准备，一旦开始动作，它们便需要密切协同，形成完美的合力。

在动作执行过程中，下肢动作与上举动作必须协调配合。腿部肌肉首先发力，通过快速蹬地产生强大的推动力；之后，腰部和背部肌群也紧随其后，为杠铃的上升提供稳固的支撑。随着杠铃的上升，手臂和肩部肌群迅速收缩，将杠铃稳稳地举至预定位置。

在整个过程中，各肌群从下到上依次发力，形成流畅的发力链。这种依次发力的方式不仅有助于减少能量的损耗，还能提高整体动作的效率。

二 实心球爆发力锻炼方法

(一) 前抛实心球

1. 方法步骤

(1) 双脚开立，与肩同宽，身体应正面朝向投掷方向，双眼注视目标点，保持专注。双手紧握住实心球，稳稳地将其举过头顶，为后续的投掷动作做好准备。

（2）身体向前弯曲，呈深蹲姿势。这个过程中，要保持背部挺直，避免腰部过度弯曲。同时，双手持球下落，将实心球下摆至小腿间。

（3）当实心球下摆至合适位置时，迅速蹬腿、挺身、挥臂，将实心球向身体前上方抛出。腿部、腰部和手臂的力量需要协同作用，形成连贯而有力的投掷动作。要注意控制投掷的角度和力度，确保实心球能够准确、远距离地飞向目标点。

2. 要求

在每次投掷实心球的过程中，应致力于挖掘并发挥个人最大的爆发力，确保实心球能够以最大的距离准确飞向目标。在此过程中，身体各部位的协同发力起着决定性作用。不仅要有效调动背肌的力量，还需全面配合手臂、腿部和腰部等肌肉群的协同工作。唯有如此，才能将力量最大化地传递到实心球上，从而实现远距离的投掷效果。

（二）侧抛实心球

1. 方法步骤

两名青少年相隔约10米，以面对面站立的姿态展开训练。这一适当的间距为他们提供了充足的空间来执行动作，并使得彼此的动作和姿势清晰可见。其中，一位青少年手握实心球，准备进行投掷。他首先收紧腰部，以增强身体的稳定性和力量。紧接着下蹲并转体，以降低身体重心，同时调整身体的角度和方向，为投掷动作做好充分准备。当一切准备就绪，迅速蹬地，借助腿部力量推动身体向上挺起，并在转体的同时将实心球抛出。实心球在空中画出一道弧线，飞向对面的同伴。同伴需迅速且准确地判断球的飞行轨迹和速度，并相应地调整自己的位置和姿势，接住球后，按照相同的动作要领将球抛回。

经过整个练习流程的精心设计，每位参与训练的青少年均被要求执行10次投掷与接球的动作组合。此举旨在使青少年能够全面熟悉并掌握实心球投掷的精确技巧，同时，通过反复练习，青少年的耐力和专注力也将得到显著的提升。完成10次规定的练习后，他们须按规定转向另一侧,继续进行相同的练习,以达到全面锻炼身体肌肉群、促进身体各项机能协调发展的目的。

2. 要求

实心球投掷过程中的转体动作是一项关键要素。在转体时,必须确保腰部保持紧绷状态,这有助于提升身体的旋转力量和稳定性。腰部紧绷能形成更稳固的支撑点,使整个身体在转体时更为稳定、有力。值得注意的是,转体不仅仅涉及腰部动作,而是全身性的运动。若仅依赖腰部发力,虽可实现转体,但效果将大打折扣。因此,应避免仅依赖腰部发力,让腿部和双臂也参与发力过程。

(三)上步双手推实心球

1. 方法步骤

(1)面向同伴站立,双脚开立,与肩同宽。身体需要保持正直,不前倾也不后仰,双手持实心球,并将其放于腹部前方。

(2)双手协同将球引导至胸前位置,球与胸部形成适宜的距离。随后,右脚迅速而有力地向前迈出一大步,为接下来的动作提供稳定的支撑。在此过程中,双臂需同步施力,与腿部的动作紧密结合,推球的力量应当来源于全身的协调发力,避免过度依赖手臂或腰部的单一力量。整个动作应呈现出稳定、连贯和高效的特点。

(3)当同伴接到球后,需要以同样的动作将球推出,这样青少年和同伴就可以依次进行推球练习。

2. 要求

跨步和推球动作的同步性至关重要。这不仅关系推球的准确性和力量,还直接影响整个动作的流畅性和协调性。

(四)侧滑步左右抛实心球

1. 方法步骤

(1)两名青少年相距5—8米,面对面站立,彼此注视着对方的动作。其中一位青少年做好准备,屈膝、屈髋,身体微微前倾,蓄势待发;另一位青少年则双脚开立,与肩同宽,稳定地站在原地,双手紧握实心球，准备进行抛球动作。

（2）随着教练的一声令下，屈膝的青少年迅速向身侧滑步，动作流畅迅速。与此同时，对面的持球青少年瞄准滑步者的位置，将实心球用力抛出。并使其准确地飞向滑步练习者。

（3）参与滑步练习的青少年全神贯注，紧盯着飞来的实心球，以精确无误的动作接住它。紧接着，迅速转身，调整呼吸与体态，将实心球以强劲的力量抛回给同伴。使球准确无误地飞向原持球者。完成抛球动作后，青少年立刻向反方向进行滑步移动，为下一次抛球练习做好准备。整个过程中，两名青少年要配合默契，动作流畅连贯，持续重复进行抛球滑步训练。

2. 要求

（1）在抛球环节中，抛球者并非随意将球抛出，而是需要考虑同伴的滑步行动。他们需要精确判断同伴滑步的律动、速率与方向，进而适时调整抛球的力度、角度与时机。唯有如此，当球向同伴飞去时，才能精准引导其进行滑步，使双方的协作更为默契，动作更为协调。

（2）对于参与滑步练习的青少年而言，接到球后迅速做出反应是至关重要的。他们必须能够在第一时间将球抛出，这既需要敏捷的反应速度，也需要熟练掌握抛球的技巧。通过迅速而流畅地转动腰部，滑步练习者能够有效地将力量传递到手臂，从而顺利完成抛球动作，展现出卓越的运动技巧。

（3）参与滑步练习的青少年需要时刻注意调整自己的姿势和重心，确保在滑步过程中保持身体平衡。在转体时，也需要保持躯干的正直，避免过度扭曲或弯曲身体。

三 跳跃下肢爆发力锻炼方法

（一）吸腿纵跳

1. 方法步骤

（1）双脚应自然分开，与肩同宽，确保身体有一个稳定的支撑基础。身体应保持直立姿势,抬头挺胸,目视前方,这有助于提升自信心和集中注意力。

(2) 在深蹲的过程中,练习者务必保持背部直立,腹部紧绷,从而更有效地发挥腹肌的作用。进行跳跃时,腹肌应作为主要的动力源,通过其收缩与发力,促使身体向上跃升。执行屈膝动作亦至关重要,要求膝盖向腹部靠拢,以提升跳跃的高度与力量。

(3) 在完成跳跃动作后,请即刻调整身体姿态,为接下来的重复动作做好准备。青少年在进行跳跃的过程中,务必保持稳定的节奏感,持续进行跳跃,以便身体能够逐步适应这种高强度的运动。

2. 要求

(1) 起跳动作必须迅速而敏捷,这不仅能够显著提升跳跃的高度,更能充分展现青少年的强健体魄与旺盛活力。

(2) 起跳后,膝盖应尽可能向上提升,以进一步增加跳跃的高度,实现最佳的运动效果。

(二) 连续蛙跳

1. 方法步骤

(1) 在进行跳跃动作时,双脚应同时起跳和同时落地。这要求青少年在起跳前,双脚保持左右开立,与肩同宽,以确保身体的平衡和稳定。双臂也要尽可能上举,这样可以充分伸展身体,为起跳做好充分的准备。经过下蹲准备后,双脚需以迅速而有力的动作向后蹬地,借此产生足够的反作用力,从而推动身体向前上方跃起。在腾空阶段,务必注意收腹、屈髋,以塑造出优雅的身体曲线,同时双脚亦需迅速前伸,为接下来的落地动作做好充分准备。当双脚触及地面时,必须迅速调整身体姿态,确保平稳且安全地着陆,以预防潜在伤害的发生。

(2) 跳跃动作的完成并非一蹴而就,而是需要经历多次的起跳与落地的循环过程。通过持续且反复的练习,青少年能够逐步熟悉并掌握跳跃的节奏与技巧,从而实现跳跃高度的提升与动作稳定性的增强。

2. 要求

每一次的起跳、腾空及落地，均需精准衔接，以构成连贯且流畅的动作序列。在起跳环节，需迅速下蹲，并施加足够的蹬地力量，以产生充足的推力，促使身体腾空而起。在腾空阶段，身体应保持平稳，双臂与双腿需协同配合，确保身体能稳定地向前移动。至落地时，必须精确判断落点，并适时调整身体姿态，以保障平稳着陆。

在追求跳跃距离的同时，必须注重落地缓冲的控制。落地时，应避免过度下蹲，因为这可能导致身体失衡，甚至引发膝盖等关节的损伤。应在落地前适当弯曲膝盖和髋关节，以分散冲击力，降低对身体的影响。还应确保身体的稳定性，防止落地后出现晃动或跌倒，以确保运动的安全与效果。

第三节 速度素质锻炼方法

一 反应速度训练

（一）绳梯 180° 转体跳

1. 训练方法

（1）半蹲姿态，双脚分开，双脚各自占据一个格子，重心稳定在前脚掌上。

（2）在准备充分后，双脚同时起跳，身体在空中完成 180° 的旋转，待落地时，双脚分别落回各自对应的格子中。

2. 注意事项

（1）为培养青少年的周边视觉能力以及提升他们的视觉观察能力，要求他们在地面活动时，双脚须始终保持在格子内。

（2）在绳梯训练中强调青少年应保持向同一方向的移动，同时鼓励他们利用骨盆和下肢的快速协作来完成动作。

（3）青少年在跳跃训练中，不断提升跳跃的速度和准确性，以达到更高的运动表现。

（二）压臂固定瑞士球

青少年的身体保持笔直，一侧手臂平举于身体一侧，手掌稳稳地压在球上，确保球不会随意滚动。此时，同伴站在练习者的侧面，准备开始他们的配合训练。同伴在拍球时不能随意地用力，而是根据训练要求，采用60%—75%的力量拍球，确保既有一定的挑战性，又不会过于强烈导致练习者难以控制。他们拍球的方向多变，时而向左、时而向右，时而高、时而低，这样的变化不仅考验练习者的反应速度，也要求他们具备较高的动作协调性和控制能力。

面对同伴的拍球动作，青少年需保持高度专注，双眼紧随球的移动轨迹，手臂与肩膀的肌肉维持紧张状态，随时准备做出相应的反应。一旦球被拍向特定方向，青少年需迅速调动肩部与臀部肌群协同工作，以确保能稳定地控制球，防止其发生位移。在整个训练过程中，青少年应保持身体挺拔。通过此种训练方法，青少年的肩部与臀部肌群在反应速度上可得到显著提高，其身体协调性和控制力亦将随之增强。此种训练不仅有利于提升青少年在运动场合的表现水平，同时也能有效降低因动作失误引发的运动伤害风险。

（三）弓箭步快速接实心球

两位青少年结为一组，面对面站立，两人之间的距离维持在3—4步之间。其中一位青少年需双手紧握实心球，随后将一条腿弯曲，屈膝屈髋，向前迈出一步，并确保平稳落地。青少年迈出的那条腿的大腿应与地面保持平行，膝关节的弯曲角度应为90°，同时确保膝盖不超过脚尖的垂直线。在脚触地之前，需将实心球传递给同伴。接球时，前面的脚应蹬地，以恢复到起始时的站立姿势。重复进行以上步骤进行练习。在此过程中，要求青少年保持标准的弓箭步姿势，并努力维持身体的平衡状态。

（四）反应起跳

青少年围成一圈，面朝圈内站立，全神贯注地注视着圆心。在圆心附近，1—2 名手持小树枝或小竹竿的练习者（确保竹竿的长度超过圈的半径）准备就绪。游戏一旦开始，持竿者便迅速挥动竹竿，在站圈人的脚下画出一个又一个的圈。每当竹竿经过某人的脚下时，那人必须迅速起跳，以避免被竹竿打中脚部。一旦被击中，便意味着失败，需要进入圈内替换持竿者的位置。

这种反应起跳训练的主要目的是提高青少年的反应动作速度。在游戏过程中，持竿者可以突然改变画圈的方向，以考验青少年的应变能力和反应速度。他们必须快速、机敏地完成跳跃动作，以确保自己不被击中。

二　动作速度训练

（一）上肢和躯干练习

1. 横向飞鸟

青少年站立，双脚左右分开，与肩同宽，确保身体稳定。双手紧握住杠铃片，并将其平举在体前，与肩平齐。随后，双臂开始发力，向两侧打开，直至手臂伸展到最大限度，此时应感觉到胸肌和肩部肌群的紧绷感。

在完成该动作后，请控制双臂缓慢返回至起始姿态，重新恢复杠铃片至体前的平举状态。在整个练习过程中，请务必保持身体的端正和稳定，不得出现任何晃动或扭曲的情况。请仅通过双臂的运动来执行这一练习，确保动作的标准和效果。

2. 纵向飞鸟

双脚与肩同宽站立，以维护身体的稳定性。双手紧抓杠铃片，置于身体两侧，为接下来的动作做好准备。双臂迅速发力，以直臂姿势将杠铃片举至头顶，此时双臂与肩部应有紧绷感。

完成动作后，需控制双臂缓慢地将杠铃片放回起始位置，以便为下一次的举起做好充分准备。在整个练习过程中，身体应保持直立，不得出现晃动或扭曲，仅通过双臂的运动完成练习。

3. 仰卧快速伸臂

青少年仰卧于瑞士球上，身体保持稳定，双手紧握哑铃，准备开始动作。双臂迅速发力，将哑铃直臂举起至头顶上方，上臂在这时应保持不动，以充分锻炼到肩部肌群。双臂缓慢将哑铃下放到头部两侧，还原至起始位置，准备进行下一次的举起动作。在休息片刻后，青少年开始进行屈肘练习，通过弯曲手肘将哑铃拉近胸部，进一步锻炼手臂肌群。直臂练习与屈肘练习交替进行，让肌肉得到全面的锻炼。

4. 双杠快速臂撑起

站立于双杠之间，双手紧握双杠，两臂与肩保持相同宽度，通过弯曲肩部与肘关节，使身体逐渐下降至低位。接着，运用双臂的力量，将身体推回原位，并重复以上动作，以达到锻炼效果。

5. 仰卧双腿快速提球

仰卧于平坦的地面上，确保双腿并拢并置于瑞士球上。使用一根绳子，轻轻地系紧脚踝。双臂应自然伸展，放置于身体两侧的地面上，掌心朝下紧贴地面。腿部肌肉发力使双膝向胸部方向靠近，直至感受到大腿与地面之间的夹角稍大于直角。在此过程中，务必保持背部紧贴地面，不得抬起或拱起。

6. 俯卧快速伸背

采取俯卧姿势，身体趴在瑞士球上。双手紧握长凳的两侧边缘，双脚则悬空离地。头部和颈部应保持自然放松状态，避免过度紧绷。臀部肌肉发力，用力将双腿向上抬起。努力使双腿、髋部和肩部形成一条直线，呈现出优美的身体姿态。

7. 仰卧屈腿快速转腰

青少年仰卧于柔软的垫子上，双手稳稳地握住脑后的横杆，膝盖弯曲，双脚踩实垫子腹部肌肉收缩发力，驱动髋部迅速向两侧转动。

在转动的过程中，努力让双腿紧贴垫子。每次转动后，稍作停顿，感受腹部肌肉的紧绷感，然后再次发力进行下一次转动。反复进行这一练习，锻炼腹部肌肉的力量与耐力。

(二) 髋部和下肢练习

1. 绳梯连续交叉步

青少年两脚左右分开站立，保持与肩同宽或稍宽的间距。两臂自然向左右两侧伸展，尽量保持身体平衡。脚跟轻轻踮起，将身体的重量转移至前脚掌。开始练习时，以向左侧移动为例，左脚先向左迈出一步，同时右脚迅速前交叉，移至身体的左侧。完成一次左侧移动后，迅速调整步伐，再次进行右脚向右迈出、左脚前交叉的右侧移动。反复进行这一练习。

2. 抱头旋转

青少年弯曲膝盖并微微弯腰，使上身与地面大致保持平行状态，双手交叉置于脑后，轻轻托住头部，选择一个方向，迅速而连贯地朝该方向旋转身体，持续大约15秒的时间。在旋转过程中，尽量保持身体的稳定，避免晃动或失去平衡。

完成旋转后，立即恢复站立姿势，并以稳定的步伐向前走约10米的距离。在此过程中，注意保持呼吸的协调，步伐的稳健。重复进行这一练习。

3. 侧卧腿绕环

青少年躺在斜板上，采取侧卧姿势，使身体得到充分伸展。用上侧腿进行绕环动作，尽量使绕环的幅度达到最大。完成一定次数的绕环后，换另一侧腿进行练习。青少年在练习过程中，保持呼吸的顺畅和自然，不要憋气或过度用力。交替进行这一动作。

4. 快速内拉腿

青少年将瑞士球放置在身体的一侧，球体稳定且位置适中。然后，将同侧的脚放置在瑞士球上，保持身体的平衡。使用阻力滑轮绳索或胶带，将其牢固地系在踝关节上，以增加训练的难度和挑战性。

在准备动作中,支撑腿需微微弯曲,膝盖和髋关节保持一定的屈曲角度。这有助于稳定身体,并为接下来的动作做好准备。开始练习时,青少年将放在瑞士球上的脚向身体方向移动。在移动过程中,注意保持腿部的控制和稳定,避免突然或过度的动作。随着动作的深入,腿部将慢慢弯曲,使脚逐渐靠近身体。在此过程中,可以感受到腿部和核心肌群的紧张与发力。完成一次动作后,将脚缓慢地移回起始位置,然后再次进行练习。反复进行这一动作。

5. 负重交换腿跳

青少年将轻杠铃稳妥地放置在肩膀上,双手紧握住杠铃杆的两侧,腿部肌肉发力,迅速向上跳起,同时在空中完成双腿位置的交换。完成一次起跳和交换腿的动作后,迅速落地并准备进行下一次练习。重复这一动作,反复练习。

6. 扶墙快速踝屈伸

青少年双手稳定地支撑在墙面上,随后缓缓抬起一只脚,使脚尖轻微触及地面,并将脚背贴合于另一只脚的脚后跟。在保持双臂稳固的同时,逐渐向墙壁方向移动,确保提供足够的支撑力。当身体与墙壁达到适当的接近程度后,再缓慢恢复到起始状态,即逐步远离墙壁,同时保持脚部姿势的稳定。完成一次有效的屈伸练习后,更换另一只脚进行相同步骤的动作,以确保左右脚均能得到充分且均衡的锻炼。

三 移动速度训练

(一) 上肢和躯干练习

1. 摆臂

站立时,双脚并拢,以短跑的基本动作为基准,双臂在前后方向上应呈现自然摆动的姿态。在双臂摆动的过程中,必须严格控制肘关节的弯曲角度,使之维持在大约90°的状态。双手维持在一个相对放松的状态,防止过度用力或僵化。当手臂向前摆动时,应努力使手部达到与肩部大致相同的高度,以增强身体的协调性和平衡感。当手臂向后摆动时，应保证手部摆动至臀部之后，这有助于推动身体向前移动。

2. 跑步动作平衡

采取在最高速度奔跑时的单腿支撑姿势，此时左脚脚掌稳稳地支撑在地面上，保持身体的平衡。肘关节微微弯曲，大约形成90°的角度，这样可以更好地发挥手臂的摆动效果。左手位于肩部高度，为身体提供向上的支撑力；而右手则置于髋部高度，协助维持身体的稳定。此时，右腿高抬，努力使右脚踝向臀部靠近，仿佛要将腿完全折叠起来一般。

(二) 髋部和下肢练习

1. 跑步姿势交换腿高跳落点向外

以慢跑为起始状态，沿分道线或直线进行规范性训练。在跑步的过程中，调整身体姿势，准备进行高跳动作。起跳后，另一只脚需迅速着地，确保落点偏向外侧。重复进行此练习，以提高技术熟练度。

2. 踝关节小步跑

运用小幅度的迅速奔跑技巧，特别关注于足底肌肉群的推地动作以及踝关节的伸展与弯曲。在每一次的推地过程中，应确保以脚掌作为主要发力点，实现快速且高效的离地动作。

3. 跑步姿势交换腿高跳

在从慢跑转换至高跳动作的过程中，务必维持正确的跑步姿态。每次完成跳跃动作后，务求另一只脚能迅速而稳定地落地，随后立即进行下一次跳跃，确保双腿交替进行训练。在此过程中，请保持动作连贯且稳定，以确保训练效果。

4. 跑步姿势交换腿高跳落点向内

开始时进行慢跑，沿着分道线或直线前进。在进行高跳时，注意起跳后用另一脚落地，并确保落点偏向内侧。通过反复练习这一动作，可以有效增强腿部内侧肌肉的力量和稳定性。

5. 脚回环练习

以单腿支撑为基础，用手扶住固定物以保持身体平衡。之后再用另一只脚以短跑的动作进行回环练习。这个动作可以锻炼脚部肌肉的灵活性和协调性,提升短跑能力。

(三) 全身配合练习

1. 原地快速高抬腿练习

青少年执行短跑训练时,双臂应在前后方向摆动,与此同时,原地执行快速的高抬腿动作。在执行过程中须确保肘关节维持大约90°的弯曲角度,前摆手臂的高度应与肩部平齐,后摆手臂则应达到臀部之后的位置。此外,务必注意大腿的摆动幅度,应达到与地面平行的位置,以最大化腿部肌肉的锻炼效果。

2. 跑绳梯训练

这一练习要求双脚在不同格内落地,快速跑过每格间距约为50厘米的绳梯或小棍。这一训练可以提高脚下的灵活性和协调性,对于跑步或短跑比赛中的快速变向和快速启动具有积极的作用。

3. 单腿过栏架跑练习

在练习场地以约1米的间距摆放8—10个高约30—40厘米的栏架。练习时,从栏架一端以直膝跑进,摆动腿同时从栏架上越过。

4. 高抬腿跑绳梯训练

在训练中,有一项与跑绳梯相似的活动,但其要求双脚必须同时落在同一格内,随后迅速穿越每格间距约为50厘米的绳梯或小棍。

5. 双腿过栏架跑练习

在训练区域内,以大约1米的间隔设置8—10个高度介于30—40厘米之间的栏架。进行训练时,需在栏架上方进行高抬腿跑步,并确保在每个栏架间隔内双脚都能稳定落地。为提升跨栏的连贯性和稳定性,务必保持使用同一条摆动腿进行攻栏动作。

6. 拖人和牵引跑训练

两位青少年将一绳索系在腰部,保持3—5米的距离同时起跑。前面的青少年拖动后面的练习者跑进。

第四节 灵敏素质锻炼方法

发展灵敏素质的方法有很多，本节主要对徒手锻炼方法和器械锻炼方法进行简要阐述。

一 徒手锻炼方法

徒手训练，即无须依赖任何外部器械或工具，主要通过身体各部位之间的协同运动来提升灵敏素质的锻炼方式。

徒手训练，一般而言，主要涵盖单人训练与双人训练两大类别。单人训练主要聚焦青少年自我调节与身体各部分的协调，旨在提升个体的灵敏性；而双人训练则更加注重两人间的默契配合与协同运动，以达到灵敏性训练的目的。此两种训练方式各具特色，均可有效促进个人灵敏素质的提升。

（一）单人训练

徒手训练中的单人训练主要有以下几种手段。

1. 快速移动跑

保持准备姿势站立，密切注意指挥手势或听觉信号。一旦接收到指令，需以迅速而精准的动作，按照要求变换跑动方向，包括前、后、左、右。由于指令间隔通常在2秒以内，练习者需展现出卓越的反应速度和判断力，以及快速调整起跑方向的能力。每组练习时间应控制在15秒以内，共进行3组。

2. 越障碍跑

站在跑道起点处，确保个人状态准备充分。当接收到"开始"指令后，根据预先设定的要求，迅速且敏捷地通过跑步、跳跃、绕行等动作穿越所有障碍物。在整个过程中，要求动作连贯，不得出现任何停顿，以充分展示敏捷性和协调性。采用计时的方式进行练习，并重复进行 2—3 组。

3. 原地团身跳

以站立姿态为起始，当接收到"开始"的指令后，须立即在原地进行起跳动作，并在空中将双腿紧密并拢。完成跳跃后，应迅速回归地面，并恢复到初始的站立状态。无论是采用计时方式还是计数方式来进行这一训练，都应着重关注跳跃过程中的稳定性与连贯性，以达到最佳的训练效果。

（二）双人训练

1. 过人

在训练场地上，绘制一个直径为 3 米的圆圈，确保线条清晰、规范。随后，安排两名适龄青少年分别站在这个圆圈的两个等分区域内。在训练开始前，两位青少年应明确自己的任务，并保持专注，随时准备响应发出的信号。

一旦接收到"开始"的训练信号，两位青少年须迅速进入状态，按照预先的分工展开对抗性训练。其中一名青少年将担任防守方，负责有效阻止另一名青少年进入自己的防守区域。在整个训练过程中，双方应保持适当的距离，严禁出现拉扯或碰撞等违规行为。

为了确保训练质量和安全，每组练习将持续 20 秒，在完成一组后，两位青少年互换角色，继续进行下一组练习。整个训练过程应重复进行 4—6 组，以达到理想的训练强度。在训练过程中，教练员应密切关注青少年的表现，及时给予指导和反馈，帮助他们不断提高技能水平。

2. 障碍追逐

在训练活动中，甲、乙两位青少年担任不同的角色。乙方作为被追捕对象先行奔跑，而甲方则紧随其后，准备进行追捕。当训练开始的信号发出后，甲、乙立即根据各自的角色定位，通过预先设定的障碍物展开一对一的追逐竞赛。若甲方能够成功追上乙方，并用手触及乙方的任意身体部位，则该轮练习宣告结束。随后，新一轮的练习将立即开始,但此时双方角色互换,甲方转变为被追赶对象,而乙方则成为追捕者。整个训练过程中,每组练习持续时间为20秒,之后休息20秒,总共进行5—6组这样的练习,以确保达到适当的训练强度。

二 器械锻炼方法

器械训练作为一种科学有效的训练方法,主要是通过利用各种运动器械来增强和提升个体的灵敏性素质。下面将详细介绍几种常见的器械训练手段。

(一)单人训练

单人训练方式多元且全面,涵盖了基础技能的简单练习以及高阶技术的挑战性训练。具体来说,运动员控球技巧和反应速度的提升离不开传球、顶球、追球、颠球和接球等基础动作的反复锤炼。这些基本动作虽然表面看似简单,但实际上却蕴含着丰富的技巧与智慧。为了进一步锤炼运动员的身体协调性和空间感知能力,还可以进行一系列复杂的多球训练项目,包括悬垂摆动、翻越肋木、钻山羊和钻栏架等。这些动作不仅要求运动员熟练掌握基础技巧,还需要他们具备卓越的身体协调性和空间感知能力,以应对训练中的各种挑战。通过这些训练,运动员的控球技巧和反应速度将得到全面提升。

(二)双人训练

1. 扑球练习

两名青少年分立两侧,一人负责持球,另一人则准备接球。持球者需将球准确地抛向对面接球者的体侧,而接球者则需运用侧垫步、交叉垫步或交叉步等技巧,迅速起跳并将球稳稳接住。双方需轮流进行此训练,随着训练次数的增加,持球者的抛球速度应逐步提升,以锻炼接球者的判断力和反应速度。

2. 障碍穿越训练

青少年应站在障碍物前,经由助跑阶段,以恰当的力量和技巧跳过山羊。随后他们需要迅速而灵活地钻过同一只山羊，紧接着绕过双杠，最终返回至起始点。在整个过程中，青少年必须展现出快速且稳健的跑动能力，同时还需要展现出敏捷而准确的动作变换能力。这一训练过程应在规定的时间内重复进行3—5次，以确保训练效果的充分实现。

3. 跳起踢球训练

两位青少年应相距15米，呈面对面站立之姿。其中一位应将球抛出，目标为另一位的体前或体侧，而接球者则需迅速跃起，用足准确回踢。随后两位青少年应互换位置，继续此训练。每组可重复此踢球动作15次，整个过程可进行2—3组。

4. 接球滚翻训练

两名青少年为一组，其中一名青少年坐在垫子上为接球者，传球者则站在对面。在训练过程中，接球者需要灵活应对从不同方向、以不同速度传来的球，并根据教练的指令做出相应的动作。例如，当接到左右两侧的球时，接球者需要执行侧滚动动作；而当接到正面来球时，则需要完成滚翻动作。为了提高训练效果，双方应定期轮换角色，进行多次练习。建议每组训练持续30秒，并重复进行2—3组，以达到预期的训练效果。

（三）组合训练

组合训练就是将多种不同的训练手段进行有机结合，可以是两三种，甚至更多。在实际的训练过程中，组合的动作数量不同，所采用的锻炼方法也会有所差异。

两个动作的组合锻炼，可以尝试如交叉步与后退步的结合，这种组合有助于提升青少年训练者的步伐转换能力；立卧撑与原地高频跑的组合能同时锻炼上肢力量与下肢爆发力；前踢腿跑与后蹬腿跑的结合能够锻炼腿部肌肉的协调性和灵活性；侧手翻与前滚翻的组合是对身体协调性和平衡感的良好训练。

对于三个动作的组合锻炼，可以选择如交叉步、侧跨步和滑步的连续动作，这种组合能够全面锻炼青少年训练者的步伐移动能力；立卧撑、原地高频跑和跑圆圈的组合，能够综合提升身体的力量和耐力；腾空飞脚、侧手翻和前滚翻的组合是对身体柔韧性和技巧性的高要求训练。

至于多个动作的组合锻炼，则更加考验青少年训练者的综合素质。例如跨栏架、钻栏架、跳栏架和滚翻的组合，不仅要求青少年训练者具备较高的技巧性，还需要良好的身体协调性和平衡感；后滚翻转体180°、前滚翻、头手倒立前滚翻和挺身跳的组合，更是对青少年训练者的身体素质和技巧水平的全面挑战。通过这样的组合训练，能够全面提升青少年训练者的综合素质和竞技能力。

（四）游戏训练

游戏训练法是一种以游戏化形式进行的、专门用以培养并增进个体灵敏素质的高效手段。此法巧妙融合应答类游戏、团队协作游戏以及追逐竞技游戏等诸多样式，充满娱乐性质，能极大程度地激发青少年训练者的热情与积极性，进而显著提升训练成效。

第五节　协调素质锻炼方法

一　一般协调性训练方法

一般协调性训练方法有很多，本节仅对其中9种进行简要阐述。

（一）各种跑

1. 训练目标

本训练旨在提升身体各部位之间的协调与配合能力，使身体更加灵活、敏捷。

2. 训练方式

通过实施多元化的跑步训练方案，涵盖步伐变化、行进方向调整等要素，并在跑步过程中融合踢腿动作，诸如交叉步前进、交叉步后撒、迅捷转身跑、快速倒行跑以及同步踢腿跑等练习，以全面增进青少年训练者身体的协调性和灵活性。

3. 训练要点

在跑步时，务必严谨对待步伐与方向的转换，确保每一个动作保持流畅与连贯，以免出现任何混乱或失调的情况。通过持续且系统的训练与调整，逐步提升青少年训练者身体的协调性与反应速度，从而实现更为高效与稳定的跑步效果。

（二）前滚翻

1. 训练目标

提升躯干与四肢之间的协调配合能力，增强身体的整体灵活性与控制力。

2. 训练方法

训练者采取正确的蹲撑准备姿势维持身体平衡。随后将身体重心前移，并用力向后下方蹬腿，从而使身体离地。在此过程中应弯曲手臂，并低下头部，同时抬起臀部，以形成一个流畅且连贯的动作。然后头部后方着地，两手迅速撑地，后脑、背部、腰部、臀部依次滚动。在背部触地的瞬间，腹部须收紧，膝盖弯曲，迅速团身并抱住双腿，完成整个动作。

3. 训练要求

在训练过程中，务必保持动作的连贯性，每个环节的转换要流畅自然，避免出现动作停顿或断裂的情况。反复练习。

（三）后滚翻

1. 训练目标

通过特定的动作练习，提升躯干与四肢之间的协调配合能力。

2. 训练步骤

保持蹲撑的稳定姿势，然后稍微向前移动身体重心，准备进行后续动作。接着，身体蜷曲，向后滚动，使臀部、腰部和背部依次接触地面。在滚动过程中，迅速弯曲手臂，将肘部抬起，并翻转手腕，使手掌放在肩膀上。当头部接触地面时，双手迅速撑地，并通过翻转动作回到蹲撑的准备姿势。

3. 训练要点

要求在整个训练过程中动作连贯流畅，一气呵成，动作不得出现停顿或中断。

（四）模仿做对侧动作

1. 训练目标

提高四肢的协调性。

2. 训练步骤

教练进行一系列徒手操练，青少年站在教练身后，执行与教练相同但方向相反的动作。

3. 训练要点

通过增加动作的组合变化来加大训练的难度。

（五）肩绕环

1. 训练目标

提升上肢的协调性。

2. 训练步骤

青少年训练者站立时双脚分开，保持身体平衡。接着，双臂向上伸直，手背向外。然后，双臂分别以相反的方向进行圆周运动，动作流畅而协调。

3. 训练要点

交替进行双臂的圆环运动方向。

（六）单足跳

1. 训练目标

提高协调性。

2. 训练步骤

在前进过程中实行交替跳跃，腿部交替抬高以增强难度和效果，可设定抬腿的具体高度。

3. 训练要点

确保呼吸与动作的协调一致。

（七）弹簧走

1. 训练目标

提升全身协调性。

2. 训练步骤

反复进行短距离"弹簧步"动作，在执行此动作时，应追求尽可能大的动作范围，以确保达到最佳效果。

3. 训练要点

在练习过程中，务必确保前脚掌首先与地面接触。

（八）登山走

1. 训练目标

增强身体的协调性。

2. 训练步骤

进行一系列轻盈而精准的山地行走练习，每次行走距离严格控制在 20 米内。在此过程中，需确保从脚尖着地逐步过渡到脚跟，同时左右踝关节需进行充分的伸展活动。为提高练习效果，此动作需进行多次重复。

3. 训练要点

为减轻膝关节所承受的冲击，膝关节应保持轻微弯曲的状态。

（九）交叉跳绳

1. 训练目标

提升身体的平衡与协调性。

2. 训练步骤

在遵循标准跳绳动作的前提下采取双手交叉的方式摇动绳子。每摇动一次至两次绳子后会进行一次单脚或双脚的长绳跳跃。

3. 训练要点

逐步增加每次跳跃中摇绳的频次。

二 栏架训练

（一）正向单腿跑动练习

1. 训练目的

（1）提高跑步姿势。

（2）增强协调性和身体控制力。

（3）强化单腿跑步的技巧和力量。

2. 锻炼方法

（1）在室内或室外场地应沿直线有序地设置6—12个栏架。为确保运动员的安全与比赛的顺利进行，每两个栏架之间的间隔应控制在大约60—90厘米之间。

（2）在栏架序列的一端站立，正对栏架，一条腿置于栏架内侧作为活动腿，另一条腿则位于栏架外侧作为支撑腿。进行跨栏动作时，活动腿需在栏架间迅速迈动，确保腿部维持90°弯曲，大腿与地面平行，小腿则与地面垂直，以此方式依次跨越每一个栏架。随着活动腿的前进，身体的重心亦需相应前移，活动腿的脚掌需明显扒地以产生推进力。在此过程中，支撑腿应尽量伸展，以被动方式跟随活动腿的步伐，从而为身体提供稳定的支撑。

（3）依照上述步骤完成训练过程。

3. 训练要点

（1）摆臂动作准确无误，以保证手脚协同运动协调一致，避免产生不必要的误差。

（2）应积极主动地利用活动腿越过栏架，并精确控制跑步的节奏，以提高运动效率和稳定性。

（3）训练过程中需保持专注，眼睛平视前方的栏架，上身保持直立或略微前倾，以维持正确的身体姿势和平衡。

（4）在训练过程中，两腿应交替作为活动腿进行练习，以全面发展下肢肌肉和提高协调性。

（5）在训练初期使用较低的栏架进行练习，随着技术的逐渐熟练，根据个人身高和实际情况适当调整栏架的高度和栏间距，以提高训练效果和适应不同比赛要求。

（二）侧向单腿跑动练习

1. 训练目的

（1）提高侧向移动技能、身体协调性以及控制能力。

（2）提升单侧跑动腿的技术水平和力量表现。

2. 锻炼方法

（1）在适宜的室内或室外场地上，按照直线排列方式设置6—12个栏架。每个栏架之间的距离应控制在60—90厘米之间，以确保青少年训练者有足够的空间进行练习。

（2）青少年训练者站在栏架序列的一端，面向栏架。将一条腿放置在栏架内部，作为活动腿；另一条腿则放在栏架外部，作为支撑腿。在练习侧向过栏时，活动腿需进行侧向移动，同时保持腿部呈90°弯曲状态。大腿应与地面平行，小腿垂直于地面。青少年需依次越过每个栏架。随着活动腿的移动，身体的重心也应随之转移。为了产生前进动力，活动腿需要做出明显的扒地动作。同时尽量伸直支撑腿，使其被动跟随活动腿移动，为身体提供必要的支撑。

（3）按照上述步骤重复练习，以提高侧向过栏的技巧和效率。

3. 训练要点

（1）青少年应以积极主动的态度，利用活动腿越过栏架，并精准掌握跑步的节奏。

（2）在跑步过程中应确保摆臂动作的精确性，实现手脚之间的和谐配合。

（3）在训练过程中应交替使用两腿作为活动腿进行练习。

（4）青少年需保持专注，目光直视前方，上身保持直立或轻微前倾，以维持稳定的身体姿态和跑步姿势。

(5)初期训练阶段应使用较低的栏架进行练习,随着技术的熟练,可以根据个人身高调整栏架的高度和间距,以逐步提高训练难度和比赛适应性。

(三)正向跑动栏间变向练习

1. 训练目的

(1)优化身体协调性、柔韧性和敏捷性,提高足部快速移动和转向的技巧。

(2)加强奔跑过程中的节奏感知和神经调控能力。

2. 锻炼方法

(1)在室内或室外场地上直线布置栏架6—12个。将栏架两两分组,组内栏架间距设为60—90厘米,组间距离保持在2—3米。每组栏架两侧各摆放一个标志盘,距离直线边界2—3米。根据训练目的,可酌情调整栏架组数及间距。

(2)训练开始时,青少年站在第一组栏架前,运用标准跑步技巧依次跨越两个栏架。完成第一组后,迅速转向左侧标志盘,到达后降低身体重心并用手触摸标志盘。随后迅速转向右侧标志盘,以相同动作触摸。触摸完毕后,立即冲刺至下一组栏架。

(3)重复上述动作,直至完成所有栏架的跑动训练。

3. 训练要点

(1)在跑动过程中,务必确保技术动作的准确无误与规范,手脚之间的配合须达到和谐一致。

(2)精准地掌握跑动节奏,这有助于保持稳定的运动状态,并提升整体的运动效果。

(3)进行侧向移动时,保持身体重心的降低。在变向时要迅速且流畅,避免减速或制动,确保动作的连贯性与高效性。

(4)过栏时,应积极抬起膝盖进行跑动,严禁采用跳跃的方式。

(5)在整个运动过程中,青少年要时刻保持注意力的集中,目光需平视前方的栏架。同时,保持上身正直或稍微向前倾,以维持身体的平衡与稳定。

（四）侧向跑动栏间变向练习

1. 训练目的

（1）提高身体协调性、敏捷性，并增强在快速移动中改变步伐和方向的能力。

（2）加强跑步节奏与神经控制的协调性。

2. 锻炼方法

（1）在选定的室内或室外场地按照一条直线布局，设置6—12个栏架。将这些栏架两两组合，每组内部栏架之间的距离控制在60—90厘米之间。各组栏架之间需保持2—3米的间距。此外，为便于青少年定位和导航，应在每两组栏架之间直线的两侧，距离直线边缘约2—3米的位置各放置一个标志盘。根据实际训练需求，可酌情调整栏架组的数量及栏架间的间距，以达到最佳训练效果。

（2）青少年应站在第一组栏架的一端，侧身面对栏架，选择靠近栏架一侧的腿作为领先腿。青少年需采用规范的侧向跑步技巧，依次跨越第一组的两个栏架。完成第一组栏架后，青少年需迅速降低身体重心，向后退至标志盘处，然后迅速转向对面标志盘，同样降低重心并用手触摸该标志盘。之后，青少年需快速返回至栏架中心线，并向前冲刺至下一组栏架，重复以上动作。

（3）青少年须按照此方法，依次完成所有栏架的跑动训练。在整个过程中，青少年应保持稳定的步伐和节奏。

3. 训练要点

（1）必须保证跑步节奏的精准性。

（2）实现手脚协调配合是保持跑步技巧正确的关键所在。

（3）越栏时应主动抬起膝盖跑步，不允许有跳跃动作，以确保运动安全。

（4）在执行后退跑动作时，身体重心需适度下降，迅速调整方向，以维持速度，避免减速或停滞。

（5）青少年需目视前方，保持高度专注，上身维持直立或略微前倾的姿态，以保持稳定性和速度。

（6）鉴于本训练项目难度较大，为保障青少年安全，通常采用低栏架进行训练。

第五章
青少年体能类游戏锻炼方法

青少年时期是人的身体发育和体能提升的关键时期，通过科学、合理的锻炼方法可以有效促进青少年的身心发展，为未来的健康打下坚实的基础。体能类游戏作为一种寓教于乐的锻炼方式，既符合青少年的心理特点，又能有效激发他们的运动兴趣，因此在青少年体能锻炼中具有重要的应用价值。

第一节　力量类游戏

一　投"手雷"

（一）练习目标

训练的主要目标是增强练习者上肢速度力量。

（二）练习准备

第一，选择一块平坦的场地，确保没有杂物和障碍，以提供一个安全、稳定的练习环境。

第二，准备10个软式手雷模型作为投掷工具，这些手雷模型不仅安全易操作，还能有效地模拟实际投掷的感觉。

第三，需要10个三角标志物，用于标示投掷的距离和位置。

第四，准备一把彩尺，用于测量青少年的投掷成绩。

（三）练习方法

在练习开始前，需要按照特定的方法进行布置。将三角标志物每隔 2.5 米放置一个，形成一个清晰的投掷线。然后安排 10 名青少年并排站在投掷线后，确保每名青少年的站位准确、整齐。青少年的站立姿势应为两脚一前一后，后腿屈膝，保持身体平衡。左臂向前平伸，右手紧握手雷模型置于身后，双眼凝视前方，确保全身肌肉处于最佳投掷准备状态。当教练员哨声响起，十位青少年须同步将手雷模型向前方投掷，力求达到最远距离。随后，教练员或指定工作人员将负责丈量每位青少年的投掷成绩，并将其详细记录。待所有青少年完成投掷后，将根据记录的成绩进行比较，投掷距离最远者将被认定为本次训练的优胜者。

（四）练习规则

首先，强调所有参与投掷手雷的青少年必须严格遵守教练员的口令，确保在统一的时间内投出手雷模型，不得有任何抢先或拖延的行为。

其次，要求青少年在投掷过程中，前脚不得踩投掷线。一旦发现有踩线行为，该次投掷成绩将被视为无效。

最后，对于投掷距离最短的青少年，将实施相应的"惩罚"措施。这不仅是对其表现不佳的一种鞭策，也是为了激发其他青少年不断提升自己的动力。具体的惩罚措施将根据实际情况进行合理制订，以确保其既具有足够的威慑力，又不会对青少年造成过度的负面影响。

二 背人接力

（一）练习目标

增强练习者的腿部力量。

（二）练习准备

第一，需在平坦开阔的地面上规划并标记出两条跑道，确保每条跑道的长度与宽度均维持在约 10 米的尺度。这一设计旨在为练习者提供充足的活动范围，以便于其进行跑步及转身等动作。

第二，将所有青少年均等地分为两个小组，每个小组的成员需以纵队的形式保持整齐划一的排列，并在指定的起跑线区域内集结，等待进一步的指令。在分组过程中必须确保两组人员分别面向不同的跑道，以确保在游戏进行期间双方之间不会产生任何形式的相互干扰。

（三）练习方法

在游戏开始前，各小组首位青少年训练者应确保自身状态良好，随时准备听从指挥。一旦教练员发出指令，各小组首位的青少年训练者应立即将身后的队员背起，并以最快速度冲向终点线。抵达终点后，被背负的队员须迅速下背，并紧接着背起首位青少年训练者返回起点。此时，各小组的第三位队员应迅速将第四位队员背起，并做好起跑准备。待前两名队员返回起点并完成击掌示意后，第二对队员即可出发向终点冲刺。整个过程中各队队员需严格遵守次序，直至两个小组均完成游戏。最终，首个完成游戏的小组将被判定为优胜者。

（四）练习规则

第一，为确保比赛的公正性，维护所有青少年训练者的利益，出发前，全部青少年训练者必须在指定区域，即起点线外，进行充分准备，严禁提前踏入跑道。

第二，青少年训练者在到达终点线后，必须确保完全越过该线，方可返回，以保证成绩的真实有效。若途中发生意外，导致被背的青少年训练者落地，则需重新背好后方可继续。背人者与被背者在通过终点线后，需进行角色互换，以确保游戏的公平性和趣味性。

第三，每一对青少年训练者出发前，背上的青少年训练者都必须与返回的前一组背上的同伴击掌示意。

三　"矮人"追逐赛

（一）练习目标

增强青少年训练者的下肢力量。

（二）练习准备

为确保青少年拥有充足的活动空间，同时维持游戏的挑战性和趣味性，需准备一个边长为 8 米的平坦正方形场地。在活动开始前，场地的清理工作亦不可或缺，保证场地内无杂物和障碍物。

（三）练习方法

第一，将所有青少年均分为 4 组，每组人数相等。

第二，各组应分别指派一名青少年，令其蹲在正方形场地的四个角外担任追逐者的角色。其余青少年则应当站在场地内的四个角位置，做好参与游戏的准备。

第三，在教练员发出开始的哨声后，场地四角的追逐者们需沿正方形场地的边线，以逆时针方向进行屈膝弓腰的行走。其任务在于追赶前方其他组的青少年，同时亦需保持警觉，防止被身后的"矮人"超越。当追逐者逆时针行走一圈后，如果既没有追上其他青少年，也没有被其他追逐者追上，那么他们将返回出发位置，换本组的另一名青少年继续在场外进行追逐。在追逐环节，若某组成员被其他队伍成员超越，则该成员将被淘汰，并由其所在队伍的另一名成员接替。此过程将持续进行，直至所有青少年均完成"矮人走一圈"的任务。届时，游戏将宣告结束。最终，剩余人数最多的队伍将被认定为胜者。

（四）练习规则

第一，场地外的追逐者在行进过程中必须严格遵守"矮人"姿态的要求。具体要求为：保持屈膝弓腰的姿势，禁止采取直立行走或跑步的方式前进。

第二，场地内的青少年在游戏过程中不得干扰场外其他组的青少年，以免影响游戏的正常进行。此外，在换人时，应以不影响其他组青少年行进为前提，以保证游戏的连贯性和流畅性。

第三，如果在追逐过程中发生意外情况或争议，为保证游戏的公平和顺利进行，应由教练员或裁判进行裁决

四　背靠背

（一）练习目标

促进力量素质的发展。

（二）练习准备

第一，用醒目的线条标记出三条间隔 1 米的平行线，其中一条作为中线，另外两条作为边线。这样的布局既能够确保青少年训练者有足够的空间进行移动和发力，又能够清晰地界定比赛的边界。

第二，需要对场地进行仔细的检查。

（三）练习方法

第一，开始练习之前，将所有青少年训练者均分为两组，每组人数相等。

第二，让两组青少年训练者背对背地站在中线两侧，两两背对的青少年训练者体重应相近。背对背的青少年训练者需要互相挽着对方的手臂，形成一个稳定的支撑。

第三，当教练员吹哨以示开始时，每一对互挽手臂的青少年训练者将开始背顶背的比赛。在比赛中，青少年训练者需运用力量将对手推向边线之外。一旦成功将对手挤出边线，即可获得 1 分。此过程将持续 2 分钟，最终得分高的一组将判定为胜者。在此过程中，青少年训练者不仅需全力展现个人力量与技巧，努力将对手推出边线，还需注重保持身体平衡与稳定，以防被对手反击而自身出线。与队友之间的有效沟通与配合亦至关重要，以确保团队能够协调一致，有效应对对手的挑战。

（四）练习规则

第一，背对背的两人只能使用背部和核心肌群的力量来挤对方，不能使用头部进行撞击。

第二，青少年训练者在比赛过程中不得使用手臂、脚等身体部位故意影响对方，如包括用手臂推搡、用脚绊倒等行为都是不被允许的。

第三，青少年训练者在比赛过程中不得向左或向右躲避。需要正面应对对手的挑战，通过背顶背的方式来将对方挤出边线。

第二节　速度类游戏

一　长江黄河

（一）练习目标

提高青少年训练者的反应速度和奔跑能力。

（二）练习准备

第一，利用鲜明的线条绘制 3 条彼此间隔 10 米的平行线，居中者定为中线，余者则为界限线。

第二，为确保青少年训练者的安全，必须严格检查场地，确保其平整且无杂物。

（三）练习方法

将所有青少年训练者均衡地划分为两支队伍，分别命名为"长江"与"黄河"。两队成员需在中线两侧对立而站，维持预备状态。当教练发出"黄河"的指令时，"黄河"队的成员需敏捷地转身并向本队限制线奔跑，"长江"队成员则立刻启动追击。若"长江"队成员能在"黄河"队成员触及限制线之前成功拦截对方，则"长江"队将获得 1 分。反之，若"黄河"队成员能够顺利抵达限制线，则"黄河"队获得 1 分。此流程将在限定的时间内不断重复进行，时间截止后，积分较高的队伍将被判定为胜者。通过这样的反复训练，青少年训练者的反应速度及奔跑能力将得到有效提升。

（四）练习规则

第一，为了防范不必要的身体接触以及潜在的安全风险，一旦追赶者成功越过了限制线，追赶者应立即停止追击。

第二，在追赶的过程中，追赶者严禁使用推拉等动作对被追赶者进行干扰。这就要求所有青少年训练者在追赶过程中必须保持适当的距离和速度，以保证比赛的公正性和安全性。

二　呼号扶棒

（一）练习目标

提高青少年训练者的瞬时速度和反应速度。

（二）练习准备

第一，采用一种明显且易于辨识的标记物来绘制一个直径为6米的圆形区域。此圆形将作为本次青少年训练者的主要活动场所，确保所有青少年训练者均在指定范围内进行活动。

第二，准备一根体操棒，体操棒的长度和重量要适中，以便于青少年训练者能够轻松握住并操作。另外，还需要检查下体操棒是否存在质量问题。

第三，仔细检查场地，以保证没有杂物和障碍物。

（三）练习方法

第一，将所有青少年训练者集合在圆圈周围，并让他们站在圆圈线上，面向圆心。然后从排头开始，让青少年训练者依次报数，并让他们记住自己报的数。这样每个青少年训练者都会有一个对应的号数，作为后续练习中的标识。

第二，选择一名青少年训练者站在圆心处，手扶体操棒。这名青少年训练者将作为游戏的发起者，负责喊出号数并松手跑向对应的青少年训练者。当喊出一个号数后，应迅速松手，并立即跑向那个号数对应的青少年训练者。而被呼的青少年训练者则需要立即反应，迅速跑去圆心处扶住体操棒。如果被呼的青少年训练者没有及时扶住体操棒，那么他将被判为失败；同样地，如果原扶棒者没有及时站回到圆圈中心继续扶棒，也将继续承担扶棒的任务。

(四) 练习规则

第一,扶棒者在松手时动作要轻,避免体操棒倒地。

第二,针对未能达到训练要求的青少年训练者,可采取适当的惩戒手段,如增加俯卧撑等体能练习。在实施惩戒措施时,必须遵循适度原则,确保不会对青少年训练者造成过大的身体负担或伤害。

三 赶"鸭子"

(一) 练习目标

培养青少年训练者的反应速度和灵敏素质。

(二) 练习准备

第一,选择一个平坦且宽敞的场地,这样既可以确保青少年训练者有足够的空间进行跑动和躲闪,又能避免因场地不平造成的意外伤害。

第二,在场地上画一个大小适宜的圆圈,这个圆圈将作为青少年训练者的活动区域。还要准备一根长竹竿,作为"赶鸭者"的追赶工具。

(三) 练习方法

先选出一名青少年训练者扮演"赶鸭者",其他青少年训练者则站在圆圈内。游戏开始后,"赶鸭者"手里拿着长竹竿的一头,在圆圈外来回奔跑追赶圆圈内的青少年训练者。圆圈内的青少年训练者需要灵活跑动和运用躲闪的技巧来避免被竹竿打到,也可以尝试跳过竹竿来躲避追赶。需要注意的是,青少年训练者在躲避过程中不能出圆圈,否则将被视为犯规。一旦被竹竿打到,青少年训练者就要和"赶鸭者"互换角色,继续游戏。

(四) 练习规则

第一,"赶鸭者"必须紧握手中竹竿的一端,确保另一端贴近地面,以此方式来回驱赶。

第二,在圆圈内的青少年训练者必须严格遵守规则,不得越出界线,否则将被视为犯规。犯规者需与"赶鸭者"互换角色,游戏继续进行。

四 十字接力

（一）练习目标

提高青少年训练者的快速移动速度。

（二）练习准备

第一，选取一个平坦且宽敞的场地，在场地上，使用标记物绘制一个半径为5—7米的圆形区域。通过该圆的圆心，绘制两条相互垂直的线，并向圈外延伸1米，以此作为起跑线，确保所有青少年训练者明确起跑位置。

第二，准备4根接力棒作为传递工具。接力棒的选择需符合安全标准，确保在传递过程中不会对青少年训练者造成伤害。

（三）练习方法

将青少年训练者均等划分为4组，各组需列队于十字线处，面向起跑线。每组首位成员须持接力棒，并做好预备动作。待教练发出指令后，青少年训练者需沿圆形路径逆时针方向迅速奔跑。当跑至本队起跑线附近时，第二名队员应在起跑线后准备接棒。接棒完成后，接棒者继续按此方式奔跑，而原首位队员则移动至队伍末尾。此过程需循环进行，直至每位青少年训练者完成一圈。最终，首先完成全体奔跑的队伍将获得优胜。

（四）练习规则

第一，跑动时不得进入圆圈或踩踏圈线。

第二，在接力过程中，需要将接力棒稳妥地传递给队友。

第三，当需要超越他人时，必须从右侧绕过，避免撞击对方。

五 沿线追击

（一）练习目标

提升青少年训练者的反应速度。

（二）练习准备

第一，选择一个适合的场地以及准备相应的器材。排球场或篮球场是理想的练习场地，因为它们具有足够的空间和清晰的线条，便于青少年训练者进行跑动和判断。

第二，准备1—2个排球或篮球作为追击工具。

（三）练习方法

所有青少年训练者需要在场地线上站立并做好准备。选择1—2名青少年训练者作为追击者，他们手握篮球或排球进行追击，其他青少年训练者是被追击者。当追击者开始追击时，被追击者需要迅速做出反应，沿场地线跑动以躲避追击。如果被追上，被追上者需要接过球并与追击者互换角色，继续游戏。

（四）练习规则

第一，青少年训练者在跑动时只能沿线跑动，不能随意改变方向或跑动轨迹。

第二，跑动时不能出线或跨线。

第三节　耐力类游戏

一　场地定向越野赛

（一）练习目标

促进青少年训练者耐力素质的发展。

（二）练习准备

第一，准备好定向越野指卡，用于记录青少年训练者找到标志物的情况。

第二，准备好标志物和打卡器，标志物是为了放置在跑动路线上的不同位置，而打卡器是为了在找到标志物后进行打卡记录。

（三）练习方法

第一，将跑动路线设定好，并在不同隐蔽位置摆放标志物。每个位置只放一个标志物，让青少年训练者需要仔细寻找才能找到。

第二，将青少年训练者平均分为4个队，每队选出一名队长。队长将负责带领队员进行跑动和寻找标志物。经教练员哨声示意开始后，每支队伍都将接收到一张详细的地图。队长有责任引导队员依据地图上的指引，以小组形式展开对标志物的搜寻行动。每当队伍成功找到一个标志物，须在对应标志点处留下本队的独特标记，即完成打卡环节。最终，首个成功找到所有标志物并在所有标志点完成打卡的队伍，将被判定为比赛的优胜者。

（四）练习规则

第一，所有青少年训练者必须全面找到并成功打卡所有规定的标志物才算任务完成。

第二，各队伍在寻找标志物的过程中，必须保持集体协作，严禁单独行动。

第三，所有青少年训练者应严格遵守不损坏标志物等比赛设施的原则。如有违反，将按照相关规定进行严肃处理。

第四，各队伍之间应相互尊重，严禁相互干扰或故意妨碍其他队伍的正常活动。

二　抢"羊"

（一）练习目标

促进青少年训练者耐力的提升。

（二）练习准备

需要准备一个平坦的场地和一个篮球。在练习开始前，需要保证场地安全无障碍物，并检查篮球的完好性。同时，教练员需要向青少年训练者详细解释练习的目标、方法和规则，使青少年训练者能够充分理解并做好准备。

第五章 青少年体能类游戏锻炼方法

（三）练习方法

青少年训练者有序排列成纵队，面部朝向教练员。教练员作为游戏的主导者，应持篮球站立于场地中央。当游戏正式开始时，教练员吹响哨声并将篮球向空中抛出。教练员离开场地，此时青少年训练者们需迅速向篮球所在位置集结，展开激烈的抢球争夺。首位成功夺得篮球的青少年训练者将获得 1 分，并即刻成为持球者。在成为持球者后，该青少年训练者需将篮球高举过头，并持续移动。而其他青少年训练者则需迅速反应，对持球者进行追赶并尝试抢夺篮球。成功夺得篮球的青少年训练者同样将获得 1 分，并接任成为新的持球者。此抢球与追逐的过程将持续进行，直至规定的游戏时间结束。在规定的时间内，得分最高的青少年训练者将被判定为游戏的胜利者。

（四）练习规则

第一，进行抢球练习的青少年训练者在获得球权后，必须将球高举至头顶之上，确保其他青少年训练者能够清晰地观察到球的位置，并有机会进行抢球尝试。

第二，在抢球行为发生时，所有青少年训练者必须严格遵循规则，禁止对持球者实施推拉或故意碰撞等不当行为。

第三，若球在跑动过程中不慎落地，其他青少年训练者有权继续争夺球权。成功抢到球的青少年训练者将获得 1 分，并随即成为新的持球者。

三 "插秧收稻"接力赛

（一）练习目标

促进青少年训练者的耐力的发展。

（二）练习准备

第一，预先准备一片平坦的场地。还需准备一定数量的空瓶和小旗。空瓶和小旗作为本次青少年训练者的关键道具，将用于模拟插秧和收稻的实际场景。它们的引入不仅能增加青少年训练者的趣味性，还能在一定程度上提升挑战性，使青少年训练者得到更全面的锻炼。

第二，为确保场地布置规范，保障每条跑道长度及标记的准确性至关重要。对空瓶与小旗的数量及完好性进行全面检查，确保其是正常使用状态。教练员还需详尽地向青少年训练者阐述练习目标、方法及规则，以保证游戏流程的顺利进行。

(三) 练习方法

第一，在场地上绘制两条平行线，将整体空间划分为4条独立的跑道。每条跑道的长度设定为50米，确保比赛或训练的公正性与标准性。在每条跑道的特定位置，即距离起跑线5米处放置一个空瓶作为标记。每隔10米再次放置一个空瓶，直至距离起跑线45米的位置。至此，每条跑道上将均匀分布有五个空瓶，它们分别位于距离起跑线5米、15米、25米、35米和45米的位置，为青少年训练者提供明确的距离参考。

第二，将所有青少年训练者均等分为4支队伍，每支队伍进一步细分为"插秧"与"收稻"两个小组。青少年训练者需在各自赛道的起跑线后列队站定，"插秧"小组的成员需手持小旗，做好比赛准备。待教练员哨声响起，"插秧"小组的成员需迅速沿赛道奔跑，将手中的小旗迅速插入每一个预设的空瓶内。完成插秧任务后，需穿越终点线。此时，"收稻"小组的成员需立即进入赛道，从瓶中取出小旗，并穿越终点线，将小旗交给"插秧"小组的成员。整个比赛过程中，耗时最短的队伍将被判定为胜者。

(四) 练习规则

第一，"插秧"组的成员必须严格遵循规则，即在听到哨声后才能开始跑动进行插秧活动。对于"收稻"组的成员，他们则需等待"插秧"组全体成员跑过终点线后，方可进入跑道。在任何情况下，所有青少年训练者均不得有抢跑行为。

第二，在进行"插秧"的过程中，如果发生瓶子倒地的情况，青少年训练者必须立即停止插秧，将瓶子扶好后再继续插秧。这一规定旨在培养青少年训练者的责任感和遵守规则的精神，同时也是为了保障活动的顺利进行。

第三，"收稻"组在完成任务后必须保证瓶子不倒地。如果因为他们的操作导致瓶子倒地，将会受到一定的惩罚或扣分。

第四，每队都必须在各自的跑道上进行游戏，不得去其他跑道干扰他人。

四　四周等距跑

（一）练习目标

促进青少年训练者耐力的发展。

（二）练习准备

准备一个平坦的场地，并对场地进行充分的检查，确保没有障碍物和杂物。

（三）练习方法

所有青少年训练者手拉手围成一个大圆，并面向圆心。然后指定一名青少年训练者开始顺时针依次报数，每个人都需要记住自己的报数。为确保后续训练的高效与精准，需要确保每位参与者在被呼点时能迅速做出反应。随后教练将会随机报出两个号码，被报到的两位青少年训练者须立即自其他青少年训练者背后逆时针绕行一圈，并迅速归位。教练将会不断变更所报号码，所以青少年训练者们必须时刻保持高度警觉，随时准备启动。同时，他们还需注意自己的行进轨迹，以免与其他青少年训练者产生不必要的接触或干扰。

（四）练习规则

第一，在教练员喊出两个号数后，对应的青少年训练者才能启动。第一个被叫到号的青少年训练者必须等待教练员的指令，不得抢跑。

第二，青少年训练者在跑动过程中必须沿外圈逆时针跑动，不得在圈内跑动。

第三，青少年训练者在跑动过程中必须按照规定的路线跑动，不得采取任何不正当手段来缩短跑动距离或节省时间。

五　四点变向移动跑

（一）练习目标

提升青少年训练者的耐力。

（二）练习准备

准备一个边长 10 米的正方形场地。在场地四个角落，需放置 4 个标志物，用以清晰指示青少年训练者的跑动路径和目标点。在选择标志物时，应优先考虑那些显眼且易于接触的物品，如锥形筒或标志旗等，以便于青少年训练者快速准确地识别。

为了精准记录青少年训练者完成任务所消耗的时间，还需配备一块秒表。在开始练习前，教练员有责任对场地及标志物进行细致的检查，以确保其位置准确无误，同时也需确保整个练习环境的安全性。

（三）练习方法

第一，将 4 个标志物分别置于正方形场地的 4 个角上，并逐一编号，以确保位置准确无误。

第二，将青少年训练者划分为每组 4 人的小组，每组青少年训练者需进入场地中央并按顺序排列成一行，确保身体姿势适宜，为接下来的起跑做好充分准备。

第三，教练员将高声宣读某一标志物的序号。闻听此指令，场地内的首位青少年训练者须迅速启动，疾奔向指定标志物，并以手触之。完成触碰后，青少年训练者须立即返回初始位置，静待下一轮指令。当教练员再次宣读下一个序号时，此位青少年训练者将遵循相同步骤，奔向对应标志物并返回。此过程将持续进行，直至所有青少年训练者均完成一轮奔跑。最终，耗时最短的小组将被判定为胜者。

（四）练习规则

第一，青少年训练者在接触到标志物后需要立即返回起点，避免停留或延误时间。

第二,青少年训练者在进行跑动时应仅使用手触碰标志物,不允许用手以外的其他身体部分接触。

第三,青少年训练者必须在听到开始指令后才能启动,不得提前抢跑或移动。

第四,青少年训练者在跑动过程中不应干扰其他人或破坏标志物及其他物品。

六 推铁环跑接力赛

(一) 练习目标

促进青少年训练者耐力的发展。

(二) 练习准备

为确保练习过程的安全与顺利进行,须事先布置一片平坦场地,并备齐铁环、标志杆和秒表等必要器材。在练习开始之前,为确保安全,教练员须对场地及器材进行详尽检查。此外,教练员还需向青少年训练者清晰阐述本次练习的目标、方法和规则,保证每位青少年训练者都能充分理解并作出相应的准备。

(三) 练习方法

第一,在场地上画出4条长30米的跑道,并将4个标志杆分别放置在每条跑道的终点线处。这些跑道和标志杆将作为青少年训练者跑动和推铁环的路线和目标。

第二,将所有青少年训练者均等地划分为4组,每组人员需在各自跑道的起跑线后按纵队站立。每组的首位成员需手持铁环,保持准备状态。一旦听到教练员的哨声,各组的首位成员需迅速出发,推动铁环沿跑道前行。在跑动过程中,青少年训练者需维持身体的协调与稳定,保证铁环不会倾倒或偏离跑道。当青少年训练者抵达终点后,须绕过标志杆再返回原点。随后,第二位青少年训练者接过铁环继续比赛。此过程将持续进行,直至所有青少年训练者均参与并完成游戏。最终，用时最短的小组将被视为胜者。

（四）练习规则

第一，持铁环的青少年训练者必须在听到哨声之后方可起跑，不得提前抢跑。

第二，在游戏进行过程中，若铁环不慎倒地或偏离本跑道，练习者须立即将铁环捡起或调整至本跑道内。

第三，当前一名青少年训练者完成推铁环返回后，铁环必须完全越过起跑线，方可由下一位青少年训练者接手。若铁环未越过起跑线即由后续青少年训练者接手，则视为抢跑行为，须重新开始游戏。

第四，在交接铁环时，一组的队友可互相帮助，提高效率，节约时间。但需要注意的是，帮助行为不能干扰其他组的比赛或违反其他规则。

第四节　灵敏类游戏

一　扇形跑

（一）练习目标

促进青少年训练者脚步灵活性的提高。

（二）练习方法

第一，将6个标志软盘以扇形的方式摆放。其中一个标志软盘应被放置在扇形的顶点位置，其余5个标志软盘则应以该顶点为圆心，按照4—6米的半径环绕摆放，形成一个完整的扇形图案。

第二，青少年训练者站在第一个标志盘处，青少年训练者向第二个标志盘处冲刺。在冲刺阶段，务必以全力加速，确保以最短的时间抵达第二个标志盘。一旦到达，青少年训练者需敏捷地绕过该标志盘，紧接着迅速向第一个标志盘返回。在整个过程中，青少年训练者必须维持身体的平衡与稳定，以确保退回动作能够流畅无阻地完成。

第三，经过一段时间的休整后，青少年训练者再度自首个标志物出发，采取侧向滑动的技巧向第三个标志物行进。在执行侧滑动作时，青少年训练者需将重心主要置于一只脚上，另一只脚则以侧向方式进行滑动。待抵达第三个标志物后，青少年训练者仍需依规定绕过此标志物，随后再利用侧滑技巧返回至起始点。

第四，青少年训练者需重复从首个标志盘起始，但此次应采用交叉步方式行进至第四个标志盘。抵达后，应绕过此标志盘，并再次以交叉步返回起点。

第五，青少年训练者自第一个标志盘出发，采用双脚左右跳的方式行进至第五个标志盘。双脚左右跳要求青少年训练者在跳跃时双脚须同时向左右两侧移动。到达第五个标志盘后，应绕过此标志盘，并采用双脚前后跳的方式返回起点。

(三) 练习规则

第一，在练习时要保证每一步的准确性，并维持身体的平衡与协调性，以防止扭伤、跌倒等意外情况的发生。

第二，练习过程中需要逐步增加速度，避免过度用力或导致身体过度疲劳。

第三，在加速的过程中，青少年训练者应当注重呼吸的协调，保持稳定的呼吸节奏。

二 多向跑

(一) 练习目标

促进青少年训练者的反应能力、快速位移能力以及变向能力的提高。

(二) 练习方法

第一，以某一点为核心，严谨地在其8个不同方位上均设置标志盘。每一个标志盘与核心点的距离均经过精确的测量，确保为4米。

第二，从8个标志盘中随机选定一个作为起始点，并将其标记为

1号。然后按照顺时针方向，对其他7个标志盘依次进行编号。

第三，训练开始时，青少年训练者须自1号标志盘起始，通过双脚的前后或左右跳跃方式抵达场地中央。随后教练将随机发出一个编号指令，青少年训练者须在听到指令的瞬间，迅速且准确地判断，并前往对应编号的标志盘进行冲刺。

第四，完成冲刺后，青少年训练者需返回起始点，准备进行下一轮的训练。

（三）练习规则

第一，在教练发出指令后，青少年训练者需迅速以最大速度向指定方向冲刺。

第二，当青少年训练者在接收到指令后，若其初步反应存在偏差，例如误判目标地点或起跑方向出现失误，那么他们将被要求重新开始训练。

三 前后变向跑

（一）练习目标

提高青少年训练者向前、向后变向的速度，并促进变向时动作的有效性。

（二）练习方法

第一，在不同的位置放置4—6个标志盘。这些标志盘之间应保证青少年训练者有足够的空间来完成向后退4步及能向5—10米斜侧方向的冲刺动作。这样，青少年训练者在进行变向练习时，能够充分施展自己的动作，同时也不会受到空间的限制。

第二，在开始训练时，青少年训练者必须站在规定的起始线上，准备执行迅速后撤4步的动作序列。

第三，当完成向后撤4步的动作后，青少年训练者须在不降低速度的情况下，迅速进行身体转向并冲刺至下一个标志物。

第四，抵达下一个标志物后，青少年训练者须维持冲刺状态，不停顿地转身进行四步倒跑。

第五，青少年训练者需按照这一顺序，依次完成对每个标志物的冲刺和变向训练，直至冲刺至最后一个标志物处。

（三）练习规则

第一，在部署标志盘时，为保证青少年训练者在左右两侧变向技能上能够实现均衡进步，一定要采取左右交替的策略。

第二，针对青少年训练者的个体情况，可将标志盘集中布置在其弱侧。

第三，青少年训练者在进行训练时，必须严格遵循规定的动作要求，确保每个动作都能准确到位。务必注重调节呼吸与节奏，以保持稳定的运动状态。

四　蜘蛛拉网跑

（一）练习目标

促进青少年训练者折返跑能力的提高。

（二）练习方法

第一，布置6个标志盘，形成一个长方形阵列，长方形的长设定为8米，宽为4米。在长边的两侧，分别安置3个标志盘，每个长边上的标志盘之间保持4米的间距。

第二，青少年训练者应从长方形长边的中点出发，该点即为起始原点。从原点出发后，青少年训练者需全力冲刺至任意一个标志盘，触摸标志盘后需迅速转身并返回原点。

第三，当青少年训练者返回原点后，需立即转身，再次冲刺至另一个标志盘。到达标志盘后，同样需触摸标志盘并立即转身返回原点。在整个过程中，青少年训练者需按照这一模式，依次跑完所有标志盘。

（三）练习规则

第一，为了更迅速地完成转向跑动作，青少年训练者需降低身体重心，并积极伸展脚步配合转身动作。

第二，在折返跑练习中，每次折返时，青少年训练者务必返回至起始点。此要求不仅确保青少年训练者对折返跑能力得到全面锻炼，同时也有助于他们更精准地掌握折返跑的节奏与技巧。

第三，青少年训练者在训练过程中需注重呼吸与步伐的配合，以维持稳定的运动状态。此外，根据自身的身体状况和训练进度，适时调整训练强度和难度，以保障训练的安全性与有效性。

五　快速绕"点"跑

（一）练习目标

促进青少年训练者身体控制能力和脚下灵活性的提高。

（二）练习方法

第一，将4个标志盘按照边长为5—7米的正方形进行摆放。

第二，青少年训练者需随机选定一个标志盘作为起始点。自起始点出发，青少年训练者需迅速奔向下一个标志盘的内侧边缘，即贴近标志盘的一侧。抵达标志盘后，青少年训练者须以细碎的步伐敏捷地从标志盘的外围绕过，其间需保持躯体的稳定与平衡。绕过标志盘后即刻提速，冲向下一个标志盘的内侧边缘。

第三，青少年训练者需遵循相同步骤，依次完成所有标志盘的跑动流程。

（三）练习规则

第一，青少年训练者在由冲刺状态转为绕过标志盘的过程中，务必维持恒定的速度，严禁出现明显的减速或制动行为。

第二，青少年训练者在绕过标志盘时，应尽可能接近其外缘，不得远离。

第三，青少年训练者还需注重呼吸与节奏的协调，以维持稳定的运动状态。

第五节 协调类游戏

一 锥形轮子

(一) 练习方法

第一,将一定数量的锥形圆圈(半径介于3—5米之间)垂直放置于地面,使其之间的间距适中,既不过于密集也不过于分散。

第二,从其中一个锥形圆圈开始,向另一个锥形圆圈奔跑,每通过一个锥形圆圈时,须完成一个特定的运动技术动作,以此将专项技能与跑步训练有机结合,提升综合训练效果。

(二) 变换练习

青少年训练者需在训练过程中增加阻力或提供辅助设备,并结合特定的技能训练,逐步提升训练层级和难度。

在训练区域内放置一个滚动球,青少年训练者需绕过该球通过每个锥形物,全程不得触碰球体,亦需避免被球体撞击。

二 一个接一个地活动

(一) 练习方法

运动场地的大小规格应根据青少年训练者的运动技能水平进行调整。技能水平越高,所需场地应越大。在场地上整齐排列一组箱子。

将青少年训练者分为两队,两队分别站在箱子的两侧,面对面站立。其中一队作为主要的青少年训练者,另一队则负责干扰。两队应保持适当的距离,以确保活动安全进行。

负责干扰的队员将向青少年训练者投掷沙包或其他物体。在面对对面队员的干扰时,主要的青少年训练者需迅速移动身体以躲避沙包,同时保持身体平衡,防止跌倒。在此过程中,青少年训练者需展现出良好的反应速度和身体协调性。

如果练习者被沙包击中，则应立即与干扰者交换角色，继续进行练习。通过这种方式，所有青少年训练者都能得到充分的锻炼，提高他们在动态环境中的反应能力和身体协调性。

(二) 变换练习

青少年训练者在闪避过程中需运用多样化的躲避技巧，并确保按照既定要求完成相应动作。一旦成功闪避，青少年训练者应立即降低速度。

三 扔球

(一) 练习方法

青少年训练者需站立于球体之上，维持身体平衡，其同伴则需手持另一球体，与青少年训练者保持大约 4 米的间距，两人呈面对面站立姿态。

在同伴释放手中球体使其自由落体的瞬间，训练者需以最大速度向球体冲刺，其间应注意通过摆动双臂以提升行进速度。务求在球体首次触地反弹后，能够准确无误地将其接住。

每当训练者成功接住球体一次，其与同伴之间的间距将增加 1 米，以此方式逐步增加训练难度。

(二) 变换练习

青少年训练者应与同伴保持一线或背对背站立。当同伴释放球时，青少年训练者须立即转身以接球。为确保青少年训练者的反应速度，同伴在释放球后应发出明确的信号。

在快速跑动或转身接球的过程中，青少年训练者可以融入一些起始动作，或者引入超等长练习，以提高效率和效果。

通过多球练习，青少年训练者能够在连续跑动中接球，进一步提升其反应和移动能力。

第六章
青少年体能锻炼中的营养补充与运动伤害防护

在青少年体能锻炼的过程中，营养补充与运动伤害防护是两个至关重要的方面。营养补充为青少年提供了必要的能量和营养素，以支持他们在锻炼中的身体需求；而运动伤害防护则有助于减少锻炼过程中可能出现的伤害风险，确保青少年能够安全、健康地参与体育锻炼。

第一节 青少年体能锻炼的营养摄入原则

一 主次性原则

在营养摄入的过程中，必须明确主次之分。首要之务是确立基础饮食的核心地位。基础饮食作为获取各类营养素的主要渠道，为人体提供了必需的基本能量和营养物质。无论何种体能训练，都需要以合理、均衡的基础饮食作为基石。尽管运动补充剂如蛋白粉、能量棒等能提供高质量的营养素和能量补充，但它们无法替代基础饮食的重要性。运动补充剂更多是作为辅助工具，在特定情境如训练后迅速恢复体力时，起到补充和增强的作用。另外，一日多餐的习惯是体能锻炼营养学中的关键原则。多餐饮食有助于更合理地分配和摄取营养素，避免一次性摄入过多导致的消化不良或营养过剩。在多次进食中，需要明确营养摄入的主次性和功能性。具体来说，正餐是摄取蛋白质、维生素和矿物质等关键营养素的主要时机，这些营养素对维持身体机能、促进肌肉生长和修复至关重要。因此，在正餐中应优先确保这些营养素的摄入，为身体提供充足的营养支持。

对于高热量、高碳水等易导致脂肪堆积的食物需要谨慎处理。为避免脂肪堆积，可将这些食物作为加餐的一部分，适量摄入。这样既能满足身体对热量的需求，又能防止脂肪过多积累。多次少量的进食方式不仅有助于预防脂肪堆积，还能维持稳定的血糖水平，提高能量利用效率，并为胃肠系统提供充分的休息和恢复时间，减少消化不良等问题的发生。

二 搭配性原则

摄入食物不仅是为了满足口腹之欲，更是为了给机体提供必需的营养物质。这些营养物质在体内发挥着至关重要的作用，它们经过一系列复杂的协同作用，转化为人体所需的能量，从而支撑人们完成各种生命活动。在日常生活中，经常能听到各种关于食物的宣传，比如某种食物具有增肌的功效，或者某种食物有助于减脂。但这些说法往往过于简化，容易给人造成误解。事实上，无论是增肌还是减脂，都不是单凭某一种食物就能实现的。营养的摄入是一个复杂而系统的过程，需要综合考虑多种食物之间的相互作用和搭配。以增肌为例，蛋白质是肌肉合成的重要营养物质。然而仅仅摄入蛋白质是远远不够的。在蛋白质的合成过程中，还需要维生素C以及其他微量元素的参与。这些微量元素虽然需求量不大，但却发挥着至关重要的作用。它们与蛋白质共同协作，促进肌肉的生长和修复。同样地，减脂也不是单靠某种食物就能轻松实现的。减脂的关键在于控制总能量摄入，同时保证营养均衡。这就需要在日常饮食中，合理搭配各种食物，既满足身体对能量的需求，又不造成营养过剩。因此，在提到营养摄入时，需要具备一定的搭配意识。要合理发挥食物的营养价值，需兼顾单一食物的营养成分与食物间的相互作用和协同效应，才能为身体提供全面均衡的营养支持。同时，个体差异和营养需求的变化亦不容忽视。身体状况、年龄、性别、运动强度等因素均会影响营养需求。因此，制订饮食计划时，需根据个人实际情况调整优化，确保摄入的营养物质既不会过量也不会不足。

总之，营养摄入是一个复杂而精细的过程，需要在日常生活中多加留意和用心。只有科学、合理地搭配食物，才能充分发挥出食物的营养价值，为身体的健康和成长提供有力的支持。

三　多样性原则

人体所需的营养物质种类丰富多样，其中宏量营养素，如碳水化合物、蛋白质和脂肪，以及微量营养素，如维生素和矿物质，均对生命活动起着至关重要的作用。这些营养物质在机体内相互协作，共同维持着人体正常生理功能。因此，保持营养的多样性摄入是维护身体健康的首要原则。

机体的运作是一个复杂且精细的过程，涉及多种物质的共同参与和协同作用。举例来说，碳水化合物是身体的主要能量来源，它能够为人体的日常活动和运动提供所需的动力。蛋白质则是构成肌肉和组织的基础，对于身体的修复和生长具有关键作用。而脂肪不仅参与能量代谢，还是构成细胞膜和合成激素的重要物质。此外，维生素和矿物质虽然需求量相对较小，但它们在维持免疫系统、促进新陈代谢，以及确保神经和肌肉正常功能等方面发挥着举足轻重的作用。如果为了追求某种特定的目标，如减脂，而采取极端的饮食计划，如零脂肪或零碳水饮食，将会对身体健康造成长久的伤害。此种膳食模式，不仅易引发营养失衡，亦可能诱发代谢紊乱、免疫机能下降等多种健康隐患。长此以往，或将演变出更为严重的疾病。由此可见，营养健康之根本在于维持营养的多样性。这就要求人们在日常膳食中，广泛摄取多种食物，以保障身体得到全面且均衡的营养供给。唯有在充足且均衡的营养支持下，人体方可发挥其最佳功能，为体能训练奠定坚实基础。

四 针对性原则

为了确保体能训练的效果最大化，青少年需要有针对性地建构营养比例。这一过程并非一蹴而就，而是需要根据不同的专项特点、具体的体能训练内容和目标，进行细致的规划和调整。通过科学合理地调整相关营养素的摄入量，为身体提供恰到好处的营养支持，进而提升体能训练的效果。

在构建营养工程的过程中，深入了解不同运动项目对营养素需求的差异性是至关重要的。举例来说，耐力型运动员为了维持长时间的能量输出，可能需摄取更多的碳水化合物；而力量型运动员为了促进肌肉的生长与修复，则可能需增加蛋白质和氨基酸的摄入。因此，根据各项运动的特点，有针对性地调整营养素的摄取量至关重要。同时，具体的体能训练内容及其目标对营养摄入的影响也不容忽视。在进行高强度间歇训练时，身体对能量和电解质的需求会大幅提升，这就要求青少年训练者及时补充富含碳水化合物和电解质的运动饮料或能量棒，以满足身体的能量需求，并维持电解质平衡。而对于增肌训练，必须注重蛋白质的摄入，确保肌肉得到充分的营养支持，从而促进肌肉的生长与恢复。

需要注意的是，营养摄入应根据个人身体状况和训练进度进行灵活调整。每个人的营养需求具有独特性，因此制订个性化的饮食计划至关重要。在训练初期，为了保障足够的能量供应，青少年训练者可能需要适当增加碳水化合物的摄入量；而在训练后期，为了促进身体的恢复和重建，可能需要适度增加蛋白质和脂肪的摄入量。

总之，营养摄入与体能训练二者互为补充，共同促进。唯有实施精准的营养计划，才能确保体能训练得到恰当的营养支撑，从而优化训练效果。若秉持模糊的营养观念，不仅难以挖掘营养的全面潜力，还可能对体能训练产生负面作用。因此，持续学习与深化营养知识是必要之举，以更好地契合体能训练的实际需求。

五 营养训练相结合原则

营养与训练是相辅相成的，只有将两者紧密结合，才能取得事半功倍的训练效果。仅依赖高强度的训练而忽视营养摄入，通常会使训练效果受到严重影响。训练过程中，身体需要消耗大量的能量和营养素以支持肌肉的生长、修复和能量补充。若营养摄入不足或不合理，身体将因缺乏必要的能量和营养素而无法充分展现训练效果，甚至可能引发身体疲劳、免疫力下降等问题。同样，单纯依赖饮食塑造肌肉、身材、力量和爆发力也是不切实际的。尽管营养对身体的成长和健康至关重要，但仅凭饮食并不能直接达成训练目标。训练中的刺激和挑战是肌肉生长和力量提升的核心要素，营养则为训练提供必要的支持和补充。因此，青少年应尽早学习运动与营养的相关知识，了解身体在训练和恢复过程中所需的营养素种类和摄入量，并学会在饮食中合理搭配食物，确保身体获得全面而均衡的营养支持。结合体能训练和合理的饮食营养，才能充分发挥训练效果，促进身体的健康发展和训练目标的实现。

六 理性辨别营养谎言

拥有科学的营养知识对于提高个人的辨别能力至关重要。在如今信息爆炸的时代，各种营养和训练相关的宣传广告层出不穷，其中不乏夸大功效、虚假宣传的内容。对于缺乏营养和训练经验的年轻人来说，这些广告往往具有很强的迷惑性，容易让他们陷入盲目相信的误区。比如，时常会听到一些不切实际的广告口号，如"一周内卧推提高20千克"，这样的宣传语不遵循科学性的原则，往往利用年轻人急于求成的心理，让他们在对客观事实缺乏必要的求证之下，盲目相信这些虚假广告。这些广告往往只关注短期的效果，而忽视了长期的身体健康和训练效果。具备科学的营养知识，便能够对这些不实宣传进行审慎的判断和辨别。便会深知，身体的进步与训练成效的取得，需要时间与科学方法的持续积累，绝非一蹴而就。营养摄入的平衡与合理性，对身体的健康与训练效果具有至关重要的影响，而非单纯依赖某些所谓的"神奇"产品所能达成。因此，青少年训练者必须高度重视并深入学习科学的营养知识，这样在遭遇形形色色的宣传广告时才能保持清醒的头脑，不被误导和欺骗。同时，也需要保持冷静和耐心，按照科学的训练方法，循序渐进地提升自己的训练水平，而不是盲目地追求短期的成效。

第二节　青少年体能锻炼的营养补充

一　青少年体能锻炼营养补充的要点

（一）讲究酸碱平衡

人体内部的酸性成分可以被碱性食物中和，通常情况下，人体的血液保持在一个弱碱性的状态。然而，当体内酸性成分过多，导致血液偏酸性时，就有可能诱发一系列健康问题。

食物经过人体消化后，根据其代谢物的性质，可划分为酸性与碱性两类。一般而言，肉类、蛋类和主食等多被归类为酸性食物，因为这些食物在人体内的代谢产物偏酸性，过量摄入可能使血液偏向酸性。尽管蛋类、肉类等食物富含营养，受到广泛喜爱，但过量摄入会增加体内酸性负荷，进而对健康产生不利影响。

为了调节体内的酸碱平衡，需要适量摄入碱性食物。蔬菜和水果是碱性食物的代表，它们能有效中和体内的酸性成分，帮助维持血液的弱碱性状态。因此，为了保持健康，饮食中应包含适量的酸性与碱性食物，以实现酸碱平衡。这种饮食习惯不仅有助于维持血液的正常酸碱度，也对整体健康有益。

(二) 少食多餐

早餐的重要性是不容忽视的,作为一天中最重要的一餐,早餐为人体提供了启动新一天所需的能量和营养素。对于正处于生长发育阶段的青少年而言,早餐更是不可或缺的一部分。

理想的早餐应涵盖多种新鲜的水果、蔬菜、全谷类食品,以及适量的蛋白质来源,例如鸡蛋、牛奶或豆类。这样的搭配有助于确保早餐的营养均衡,为身体提供充足的能量和营养素,从而支持一整天的活动和学习。选择购买现成的早餐或半成品,需仔细审查产品标签,以确保产品中含有足够的蛋白质、纤维和维生素等营养成分。应避免购买高糖、高盐或高脂肪的产品,以免对健康产生不利影响。

除了重视早餐的摄入,青少年训练者还应在早餐与午餐、午餐与晚餐之间设置合适的小餐时间。这些小餐的选择应以水果、坚果或蔬菜为主,它们不仅能够为身体提供必要的能量和营养补充,还能有效缓解饥饿感,防止在正餐时摄入过多的食物。为了培养健康的饮食习惯,青少年训练者实行少食多餐的餐饮模式,避免过度进食和暴饮暴食。进餐时间的稳定性也至关重要,形成规律的饮食习惯有助于维持身体的正常代谢,促进体形管理,并对身体健康产生长远且积极的影响。

(三) 补充除氧化食物

自由基作为人体在氧化反应过程中产生的副产物,对人体健康构成潜在的威胁。这些微小的分子在机体内活跃,会无情地攻击并损害脱氧核糖核酸和胶原蛋白等重要生物分子,甚至对组织细胞造成破坏性的影响。这种破坏作用会导致机体器官功能逐渐弱化,加速人体的衰老过程,甚至可能诱发各种疾病。

为了维护健康,提高机体的抗氧化系统功能显得尤为重要。而要实现这一目标,一个有效的途径就是适当补充具有除氧化作用的食物。这类食物富含抗氧化剂,能够对自由基产生抑制和消除作用,从而还原已形成的氧化反应,降低其对机体的损害。长期坚持这样的饮食习惯，不仅有助于有效预防疾病，还能维护体内环境的健康稳定。

在日常膳食构成中，主食与辅食中均存在具有抗氧化效果的食物。以糙米饭为例，它作为主食的常见形式，含有丰富的抗氧化成分，对于提升人体抗氧化能力具有积极作用。坚果类食物，如大豆、松子、花生、核桃、杏仁、开心果等，不仅口感独特，且富含抗氧化物质。这些物质能够有效抑制自由基活性，对维护人体健康具有显著作用。蔬菜类食物中，如韭菜、菠菜等绿色蔬菜，富含叶绿素和多种维生素，能有效中和自由基，保护细胞免受其损害。在日常饮食中，合理搭配这些食物可提升人体的抗氧化能力，进而维护健康。此外，番茄和辣椒中的番茄红素和辣椒素也具备良好的抗氧化性能。南瓜、豌豆、小青菜和胡萝卜等蔬菜则富含β-胡萝卜素和其他抗氧化物质，对于增强机体抗氧化能力同样具有关键作用。

通过合理搭配这些具有除氧化作用的食物，可以有效地提高机体的抗氧化能力，减少自由基对身体的损害，从而维护健康的生活状态。这不仅是预防疾病的重要手段，也是实现健康长寿的关键所在。

（四）食用一些粗粮

随着现代社会生活品质的持续提高，青少年的饮食习惯正经历着细微的演变。特别是在主食的选择上，他们普遍偏向于精细加工的食品，例如白米饭和白面馒头等。相较之下，粗粮如糙米、玉米和高粱等，在他们的饮食结构中占据的比例较小。部分青少年甚至未曾品尝过粗粮的风味。从营养学的专业视角出发，适量摄入粗粮对青少年的健康成长具有积极的影响。粗粮中含有多元化的营养元素，包括钙、硒、锌、磷等在内的多种微量元素。虽然这些元素在日常膳食中可能并不突出，但它们各自在人体的生理过程中起着至关重要的作用。以钙和磷为例，二者在青少年牙齿和骨骼发育过程中是不可或缺的营养成分。钙对于骨骼结构的强化具有关键性影响，有助于青少年塑造强健的体魄；而磷则参与能量代谢和遗传物质合成，对于维持生命活动具有不可替代的重要性。此外，钙还参与维持电解质平衡，对于保障人体正常生理功能具有深远意义。

除了钙和磷，铁、锌、铜、锰、碘等微量元素也是青少年生长发育过程中不可或缺的。这些元素在促进发育、预防骨骼和肌肉退化方面发挥重要作用。合理补充这些微量元素，不仅能预防青少年发育过程中的畸形现象，还能延缓机体系统功能的退化，具有抗衰老的效果。

因此，建议青少年每天适量摄入粗粮，实现粗粮与细粮的合理搭配，以促进健康。这样的饮食习惯对青少年的整体健康非常有益。

（五）通过乳品来补钙

我国青少年儿童的钙质摄入普遍偏低，这一问题亟须引起关注。青少年时期正处于生长发育的重要阶段，钙质的缺乏将对健康产生深远影响。钙是人体必需的微量元素，对于骨骼健康及生长发育至关重要。在这一关键时期，骨骼发育迅速，钙质摄入不足可能导致骨骼发育不良，影响身高增长。长期缺钙还可能诱发佝偻病、骨质疏松等缺钙性疾病，严重威胁青少年的身体健康。此外，缺钙还可能对青少年的正常发育造成不良影响，导致身体发育迟缓。更为严重的是，长期缺钙可能为未来的骨骼疾病如肩周炎、骨质疏松等埋下隐患，影响青少年的生活、学习及工作。每天适量饮用牛奶或食用其他乳制品，可以有效补充身体所需的钙质，促进骨骼的健康发育。同时，青少年还可以通过增加户外运动、多晒太阳等方式来促进钙质的吸收和利用。

（六）身材矮小的少年儿童适量多吃含锌食品

青少年时期是每个人都对自己身高有着特殊期许和追求的阶段。他们往往渴望拥有挺拔的身姿，因为身材的高大与否不仅影响着外貌形象，更在一定程度上塑造着他们的自信心。但身高的发育并非单凭意愿就能实现，它受到众多因素的共同影响。

先天遗传因素是决定身高的一大要素，但遗憾的是，这一点人力往往难以改变。因此，更多的关注应当投向后天因素，通过营养补充、运动锻炼等方式来助力青少年身高的发育。锌元素在青少年的成长发育中占据着至关重要的地位。作为人体不可或缺的微量元素,锌在维持正常生理机能方面发挥着不可替代的作用。科学研究显示,锌与青少年的生长发育,特别是身高的增长之间存在着密切的关联。锌元素直接参与调节人体内众多酶的活性,这些酶在蛋白质合成和细胞分裂等关键生理过程中起着至关重要的作用。人体若缺乏必要的锌元素,将对蛋白质的新陈代谢造成阻碍,进一步影响细胞的正常分裂与增长。这种长期的营养不足,特别是在青少年的生长发育阶段,将产生严重不良影响,可能引发身材矮小等问题。锌元素是人体必需的微量元素之一,其缺乏不仅可能影响个体的生长发育,更可能导致一系列健康问题。具体而言,锌的缺乏会降低个体的食欲,使得青少年等人群对食物的兴趣减弱,从而影响其营养的摄入和吸收。此外,锌的缺乏还可能导致嗅觉和味觉功能下降,使得青少年等人群对食物的感知能力减弱,进一步加剧营养不良等风险。因此,保证足够的锌摄入对于维护青少年等人群的健康至关重要。在日常生活中,通过合理的饮食搭配可以有效补充锌元素。肉类、蛋白类食物、海产品、谷物、动物内脏等都是锌的良好来源,青少年等人群可以适量增加这些食物的摄入量。特别是对于生活在饮用水缺锌等地区的青少年,更应该重视饮食中的锌摄入,以确保身体的健康和正常发育。需要注意的是,锌的摄入量并非越多越好,过量摄入同样可能对身体造成负面影响。因此,在补充锌元素的过程中,应该根据自身情况,适量摄入富含锌的食物,以保持身体的健康和平衡。

如果青少年的身高长期停滞不前,且通过饮食调整仍无法改善缺锌状况,那么可以考虑在医生的建议下补充含锌的药剂。但务必注意,任何药物的服用都应遵循医生的建议,因为过量摄入锌同样可能对身体造成不良影响。

(七) 全面补充营养

营养作为健康的重要基石,对于每个人来说都至关重要。尤其对于青少年来说，营养的摄入不仅关系到他们的生长发育，更直接影响到他们的身体健康和未来的生活质量。因此，要获得并保持健康，青少年必须注重营养补充的全面性。

随着社会经济的不断发展和人民生活水平的逐步提高，物质条件越发富足，这为青少年全面补充营养提供了良好的契机。但仅仅拥有良好的物质条件并不意味着就能实现营养的全面补充。青少年自身也需要树立全面补充营养的意识，认识到营养补充的多样性和综合性。在实际生活中，经常会看到一些青少年在补充营养时存在片面性。比如，有的青少年因为贫血就只注重补充铁元素，而忽略了其他同样重要的营养素；有的青少年因为便秘就只关注补充维生素，而忽视了其他营养素的摄入。这种片面的补充营养方式，不仅无法真正改善健康状况，还可能导致其他营养素的缺乏，从而引发更多健康问题。因此，青少年应该树立全面补充营养的意识，注重摄入各种营养素，包括蛋白质、脂肪、碳水化合物、维生素、矿物质等。在特定的生理阶段，青少年应根据身体的实际需求，有针对性地增加某些营养素的摄取。举例来说，对于处于生长发育期的青少年，钙、铁、锌等微量元素的摄取是至关重要的；而针对学习负担较重的青少年，适当补充 B 族维生素能够有效缓解疲劳，提高学习效率。为了达成营养的均衡摄取，青少年必须不断积累基础营养知识。这涵盖了理解各种食物的营养成分与价值以及适宜的食用方式。他们还需要明确自身所需的营养素种类，并知道如何通过饮食来满足这些需求。唯有掌握这些基础知识，青少年才能更有效地进行营养补充，进而提升自身的健康水平。除此之外，青少年亦应以客观的态度审视自身的健康状况，及时发现并解决潜在的健康问题。例如，通过定期的健康检查来了解自身的身体状况；通过观察身体的反应和感受来发现可能的营养不足或过剩问题；通过调整饮食结构，确保营养的均衡摄取，以改善自身的健康状况。

二 青少年体能锻炼中的营养补充

（一）水的补充

在长时间体能锻炼后，身体的水分消耗显著，因此，及时且恰当地补水成为至关重要的一环。但在补水的认识方面，存在一个常见的误区，即许多人仅在感到口渴时才意识到需要补水。实际上，当人体出现口渴的感觉时，已经意味着体内水分流失了3%，身体已处于轻度脱水状态。这种状态会对人体的运动能力产生一定的限制。所以必须深刻理解并及时行动，以确保在锻炼过程中及时且恰当地补充水分。

1. 运动前补水

运动前补水的目的是防范可能出现的脱水情况。补水时，应遵循少量多次的原则，让身体逐步吸收水分，从而确保运动期间的水分平衡。运动员在运动开始前两小时应摄入约400—600毫升的水，以建立充足的水分储备。尤其对于青少年运动员，运动型功能饮料可作为一种有益的水分补充方式。此类饮料不仅含有必要的水分，还能提供运动所需的能量和电解质，有助于提升运动表现。需强调的是，功能饮料并不能替代正餐，仅作为营养补充，仍需配合均衡饮食以满足身体的全面营养需求。

2. 运动中补水

在青少年长时间体能锻炼的过程中，由于排汗量增加，身体会丧失大量水分。因此，及时补水是至关重要的，这不仅有助于维持体内水分平衡，还能满足身体的生理需求。为了确保补水量的合理性，建议根据个人的排汗量来确定补水量，一般而言，补水的总量应达到失水量的50%—70%，以保证身体得到足够的水分补充。此外，选择富含电解质和糖分的运动型功能饮料进行补水更为适宜，因为这种饮料能够为身体提供所需的营养成分。通过科学合理的补水策略，可以确保人体及时获取所需营养，从而保障训练活动的持续进行。

3. 运动后补水

运动后的补水过程至关重要，但在实际操作中往往被轻视。合理补充足够的水分能够有效缓解运动过程中造成的水分缺失，帮助身体迅速恢复活力。在选择运动后的饮品时，应选取含有适量糖分的饮料，这将有助于迅速恢复血容量并提升能量水平。

需要注意的是，补水并非越多越好。过度补水可能导致体内电解质进一步流失，对肾脏造成过大的压力。因此，补水时应遵循适量原则，根据个人的排汗量和运动强度来合理调整补水量，以维持身体的水分平衡。

(二) 蛋白质的补充

在青少年长期参与体育锻炼的过程中，其身体将消耗大量的能量。特别是在高强度的锻炼中，可能会导致肌细胞受到损伤，蛋白质也会发生分解。为了保障青少年的身体健康，及时恢复和更新身体机能至关重要。因此，在运动间隙和结束后，青少年必须采取措施修复和更新受损的组织。在这一过程中，适量补充蛋白质显得尤为重要。因为蛋白质不仅可以促进肌细胞的修复和肌肉蛋白的合成，还有助于糖原的恢复，并能够有效缓解肌肉酸痛。

但需注意的是，蛋白质的摄入并非越多越好。过量的蛋白质摄入可能导致内环境酸化，加重肝脏和肾脏的负担，甚至可能加剧疲劳感。因此，青少年在补充蛋白质时，应根据自身的运动强度和运动量来确定合适的补充量，并确保所摄入的都是优质蛋白质。

(三) 糖的补充

在体育锻炼中，青少年必须重视营养补充。其中，糖的补充是非常重要的。在体育锻炼过程中，适时补充糖分，能够为机体提供稳定的能量来源，增强运动能力，推迟疲劳感的出现，甚至有助于预防不良情绪，改善情绪状态。但具体的摄糖量应根据青少年的体重、活跃肌肉的体积以及运动负荷来科学确定。

(四）脂肪的补充

脂肪在人体生长发育中扮演着重要的角色。适度的脂肪摄入有助于机体在运动中节约糖原消耗，进而增强体能、延缓运动疲劳。因此，青少年在进行体育锻炼时，合理补充脂肪至关重要。但要注意必须严格控制脂肪的摄入量，因为过量脂肪摄入会增加代谢氧耗，导致体脂和体重上升，降低肌肉做功能力，进而削弱运动表现，并可能引发肥胖问题。

（五）钙、铁的补充

钙是肌肉收缩和神经调节不可或缺的重要营养素，对青少年而言，其意义尤为重大。钙有助于维持健康的骨密度，降低骨折的风险。因此，青少年在日常生活中应确保摄入足够的钙和维生素 D 以维护骨骼健康，尤其在参与体育锻炼时，更应注重补充，以保障神经肌肉的适度兴奋状态。

铁是人体必需的矿物质之一，对于血红蛋白和肌红蛋白的合成至关重要。若青少年未能及时或足量补充铁质，将可能导致血红蛋白和肌红蛋白的合成减少，进而影响组织细胞的摄氧量，对运动中的能量供应造成不良影响，加剧疲劳感。因此，在体育锻炼过程中及锻炼结束后，青少年应确保摄入适量的铁质，以有效降低乳酸浓度，促进体能恢复。

（六）电解质的补充

青少年参与体育锻炼时，会经历机体水分的显著消耗。所以补充电解质成为他们恢复体能的关键步骤。若补水不及时，可能导致肌肉痉挛、力量与耐力下降等问题。据研究，当体液损失介于 1%—4% 时，青少年的运动能力会显著下滑。电解质对于保持体能、延缓疲劳具有不可或缺的作用。为了制订个性化的补水策略，应长期监测运动前后的体重变化。在运动前和运动中，适量饮用运动饮料，有助于维持电解质平衡，进而提升运动表现。通常，建议青少年每 15—20 分钟饮用 170—340 毫升的运动饮料，但具体饮用量还需根据个体差异进行调整。

除此之外,维生素在调节青少年机体生理生化过程、参与能量代谢方面扮演着重要角色。例如,维生素 B 族不仅参与能量代谢,还负责肌肉的修复与生长。鉴于青少年在体育锻炼中对维生素 B 族的需求较大,所以必须确保他们能够及时补充。而维生素 D 的作用也不可忽视,它能增加快肌纤维的数量和直径,进而强化肌肉力量,提高平衡能力。因此,青少年也应对维生素 D 进行合理的补充。

(七) 营养剂的补充

营养剂主要包括肌酸、抗氧化剂等,青少年参加体育锻炼,适当补充营养剂也是有必要的。

1. 肌酸

补充肌酸的主要目的在于增加肌肉肌酸储备,以优化糖代谢过程,从而有效促进肌肉收缩后磷酸肌酸和 ATP 的再合成。适量摄取肌酸,能够有效提升青少年在短时、高强度运动中的表现。但在湿热环境下进行体育锻炼时,除了补充肌酸外,还需确保充足的水分摄入,以确保理想的营养效果。

2. 抗氧化剂

青少年进行体育锻炼时,为了提升运动能力,可以通过摄取抗氧化剂来实现。抗氧化剂主要包括维生素 C、维生素 E 和 β-胡萝卜素,这些物质能够有效清除因运动而产生的过量自由基,维持身体内部的氧化应激平衡。实践表明,摄取葡萄籽提取物是一种有效的方式,可以帮助调整身体的氧化应激状态,保护细胞免受氧化应激的损害,从而提升青少年的运动表现。此外,谷胱甘肽也是一种适合青少年补充的抗氧化剂,应在专业指导下合理摄取。

必须指出的是,上述营养剂并非万能解决方案,对其功效需持理性态度。尽管相关研究与实践显示,运动营养补充剂在促进人体健康方面表现出积极效果,但关于其是否适合青少年长期使用的问题,目前尚未形成明确科学共识。鉴于青少年身体发育的特殊性,在补充营养剂时必须结合其个体情况，进行科学合理的规划，避免盲目跟风或滥用。在促进青少年健康成长的道路上，应秉持科学、审慎的态度，确保营养补充的合理性与安全性。

第三节 青少年体能锻炼的运动伤害处理

一 擦伤的处理

擦伤是日常生活中经常遭遇的一种表皮损伤情况。它往往是皮肤与外界物体的摩擦引起的，导致皮肤表层的细胞和组织受损剥脱。受伤处通常会表现为皮肤外层的破损状态，并伴有液体渗出。这些液体为受损细胞所释放的组织液。在某些较为严重的损伤情况下，皮肤中的血管亦可能受损，进而引发擦伤部位的出血现象。

在体能训练过程中，青少年擦伤的情况时有发生。由于青少年在参与各类运动时不可避免地与外界环境产生接触，尤其是在进行跑步、篮球、足球等需身体与地面接触的运动时，擦伤的风险显著增加。因此，对于青少年而言，了解和掌握正确的擦伤处理方法显得尤为重要。

对于轻微擦伤的情况，应使用生理盐水进行伤口冲洗。生理盐水与人体内部环境液体相近，能够避免给皮肤带来不必要的刺激。冲洗完毕后，可涂抹红药水、紫药水或0.1%浓度的新洁尔溶液，这些药水对伤口的消毒及愈合均有良好促进作用。

当擦伤程度较为严重，伤口面积较大时，处理过程必须更为细致和审慎。首要步骤是借助生理盐水对伤口进行彻底的冲洗，目的在于去除伤口表面的污染物和细菌。再利用碘酒或酒精对伤口周边区域进行消毒，这一步骤对于进一步降低感染风险至关重要。经过彻底的消毒处理后，可适量涂抹云南白药或其他具有消炎止血作用的药物，这有助于加速伤口的愈合进程。随后，需使用纱布对伤口进行妥善包扎，以确保伤口的清洁与安全。

二 挫伤的处理

挫伤是一种在受到钝性外力作用后产生的闭合性损伤。与擦伤相比，挫伤的损伤程度往往更为深入，因为它涉及皮下组织和软组织的损伤。在体能训练过程中，由于青少年参与的运动强度与频率均较高，挫伤风险相应提升，所以掌握恰当的处理技巧至关重要。

在挫伤的情况发生后，一定要迅速进行局部冷敷。此举能有效遏制组织肿胀与出血，并显著减轻伤者痛感。可使用冰袋或冷湿毛巾实施冷敷，但需避免与皮肤直接接触，以防冻伤。应在挫伤发生后的24小时内持续进行冷敷。

对于四肢部位的挫伤，除冷敷外，还需实施包扎固定措施。此举旨在防止伤处进一步受损，并减少出血与肿胀。若伤势严重，或观察到明显的畸形与功能障碍，应迅速将伤者送往医疗机构接受专业治疗。

头部与躯干部位的严重挫伤需格外关注。由于这些部位可能影响到关键生命器官，因此必须对伤者状况进行严密监控。若伤者出现休克、大出血等危急症状，应即刻进行休克处理，迅速止血，并紧急送往医院救治。

手指挫伤在生活中较为常见。一旦发生，应迅速以冷水冲洗伤处，并使用清洁纱布或纸巾进行压迫止血。止血完成后，用绷带或胶布妥善包扎。

面部挫伤的处理需视伤势而定。鉴于面部皮肤的敏感性，在受伤初期采用冷敷，以缓解肿胀和疼痛。待伤后24小时，可改用热敷，以加速血液循环，促进淤血消散。

总之，在处理挫伤时，应根据伤势轻重或部位采取适当的处理方法。对于严重挫伤，特别是涉及关键部位或大出血的情况，应立即就医。青少年参与体能训练时，应重视防护措施，以降低挫伤等意外风险。在遭遇挫伤时，应保持冷静，遵循正确的处理步骤，以最大限度地减轻伤害并促进伤口愈合。

三 中暑的处理

在高温天气下运动时，容易出现中暑的现象。中暑是由于外界温度过高，导致人体内的温度不易散发，并大量淤积体内，导致体温剧烈升高，症状较轻时，表现为头疼、头晕、恶心、没有食欲、嗓子痛等，严重时可引起大脑机能发生障碍，昏迷晕倒。对于这种情况，需要做到三个方面。

第一个方面，在高温天气下应避免进行户外运动，以防中暑。若不幸中暑，应迅速转移至阴凉通风处休息，并采取物理降温措施，多喝水。若情况严重，可考虑服用人丹、十滴水或藿香正气水等防暑药物以缓解症状。

第二个方面，对于日射病患者，应优先进行头部降温处理。患者应保持仰卧姿势，头部垫高，并使用冰袋冷敷额部，或使用50%酒精（或白酒）擦拭身体以促进散热。

第三个方面，针对热痉挛及热衰竭病患者，应重点补充生理盐水或葡萄糖生理盐水。此外，患者可大量口服含盐的饮料，以补充体内流失的盐分和水分。

四 肌肉拉伤的处理

肌肉拉伤往往源于外力的直接或间接作用，当肌肉在过度主动收缩或被动拉长时，便可能遭受牵拉或撕裂伤。在体育锻炼过程中，如果青少年未能做好充分准备、动作协调性差，或是肌肉弹性和伸展性不佳，都会增加肌肉损伤的风险。

肌肉拉伤的主要表现十分明显，伤处会出现肿胀、压痛感，并可能伴随肌肉痉挛。触诊时，还可能触及因拉伤而形成的硬块。在严重的情况下，甚至会发生肌肉撕裂。

对于轻度拉伤，应根据具体伤情适当降低运动强度，并结合适度的按摩和静态拉伸来缓解症状。然而，对于严重的拉伤，则应立即停止锻炼，对受伤部位进行冷敷、包扎，并抬高伤肢，以减轻肿胀。在拉伤后的1天—2天，可以外贴消肿胀的膏药，进行热敷或适当的按摩，以促进恢复。

五 扭伤的处理

作为一种常见的运动伤害，扭伤通常是肌肉、韧带或关节在超出其正常活动范围时发生扭动而造成的。这种伤害可以由多种因素引起，包括但不限于活动准备不足、动作幅度过大或运动方向错误等。扭伤后，受伤部位常伴随疼痛和肿胀的症状，严重时甚至可能影响日常活动。

对于青少年而言，由于其身体正处于生长发育阶段，身体各部位的结构和功能尚未完全成熟，因此他们更容易遭受扭伤等运动伤害。一旦发生扭伤，青少年应当立即采取正确的处理方法，防止伤势恶化。

在处理青少年指关节扭伤时，应首先采用冷敷法，随后通过牵引手段来松弛肌肉和韧带，从而降低关节承受的压力。在固定受伤部位时，可借助绷带或支具等辅助器材，确保受伤部位得到充足的休息和适当的保护。

对于肩关节扭伤，青少年同样可以采用冷敷和加压包扎的方式，以缓解疼痛和减轻肿胀。在受伤后的24小时内，应避免过度活动受伤部位，以防止伤势恶化。24小时后，视伤势情况，可选择适当的按摩、理疗或针灸等康复手段。

当青少年发生腰部扭伤时，应先采取平卧位休息，以避免伤势进一步加剧。冷敷同样可用于缓解疼痛和减轻肿胀。在康复过程中，青少年应特别注意保持正确的坐姿和站姿，避免过度用力或长时间保持同一姿势。

膝关节扭伤可能涉及关节内部的复杂结构，如韧带和半月板等。在发生膝关节扭伤时，青少年应迅速压迫痛点以止血，并抬高伤肢以减少血液淤积。使用加压包扎固定受伤部位，以防止进一步损伤。鉴于膝关节扭伤的严重性，青少年在扭伤后应尽快就医，接受专业医生的诊断和治疗。

踝关节扭伤在青少年运动中较为常见。在发生踝关节扭伤时，青少年应迅速压迫痛点以减轻疼痛和止血，随后使用绷带或支具等辅助器材进行包扎固定，以防止关节进一步扭曲或损伤。若怀疑存在韧带断裂等严重损伤情况，应立即进行压迫包扎并及时就医。

六　踝关节韧带损伤的处理

在青少年参与跳跃性项目的体育锻炼过程中，如果在落地时发生身体失衡跌倒，或无意中踩踏到异物，有可能会造成踝关节内旋、足跖屈内翻位，从而引发踝关节韧带的损伤。此类损伤的主要临床表现为踝关节外侧的剧烈疼痛、显著肿胀，以及行走困难。针对踝关节韧带损伤，可采取以下处理方式。

针对受伤部位，首要任务是进行降温处理，随后进行加压包扎，以防止出血并缓解肿胀。在此过程中，务必确保足外侧作为"8"字形交叉点的位置得到妥善压迫包扎，这对于预防踝关节内翻至关重要。

为了有效预防继续出血，需使用钢丝托板对患肢进行固定，确保受伤的脚保持轻度外翻、跖伸位。

为了减轻伤处的严重肿胀，应将患肢抬高，以促进血液循环的调整。

为了进一步缓解伤处的疼痛和肿胀，应采取局部降温措施，如使用冰袋对患处进行冷敷。

七　骨折的处理

骨的完整性一旦遭到破坏就被称为骨折。对于经常参与高强度体能训练的运动员来说，机体遭受被动冲撞、挤压等外力作用时，骨折的风险尤为突出。骨折时，骨骼会发生断裂，伴随着强烈的疼痛感，伤部骨骼可能出现扭曲变形，甚至形成开放性伤口，严重者可见骨骼裸露。

当青少年不幸遭遇骨折时，应迅速而妥善地采取一系列处理措施。切记不要随意移动受伤的肢体，以免加重伤势或造成二次伤害。应立即固定伤肢，稳定骨折部位，减少疼痛和出血。固定的方法可以根据具体情况选择，如利用身边的硬物、木板或绷带等进行临时固定。

在患者呈现休克迹象，例如意识模糊或呼吸微弱时，必须立刻实施急救措施，如人工呼吸，以保障呼吸道畅通无阻。同时应迅速拨打急救电话。

如患者伤口出血不止，必须及时采取止血措施。可使用清洁的纱布或绷带对伤口进行加压包扎，以有效控制出血。在此过程中，需确保包扎力度适中，防止因过紧包扎导致血液循环受阻。应尽快将患者转送至医院，以接受进一步的医疗治疗。

八　呼吸、心跳停止的处理

如果在运动过程中青少年出现呼吸、心跳停止的情况，这意味着他们可能遭遇了严重的生命威胁，必须立即进行心肺复苏。心肺复苏的急救程序步骤如下。

第一，必须确保施救现场的安全性，既保障伤者的安全，也确保施救者不会受到二次伤害。

第二，要评估伤者的意识状态，通过轻拍其肩膀并大声呼唤来观察其反应。若伤者无反应，须立即进入下一步急救流程。

第三，施救者应当高声呼救，以引起周围人的注意，并尽快召集更多人员提供协助。同时拨打急救电话，通知专业医疗人员迅速赶赴现场进行救治。

第四，让伤者平稳地躺在坚硬的平面上，使其头部、颈部和身体维持一条直线,从而保持呼吸道的顺畅无阻。

第五,为了保持伤者气道畅通,应采用仰头举颏法或推举下颌法,确保伤者的下颌角与耳垂的连线与地面垂直。

第六,为了评估伤者的通气状况,应密切观察其呼吸情况。若伤者呼吸停止或微弱,应迅速采取人工呼吸措施。

第七,为了判断伤者的循环状况,应通过触摸其颈动脉或股动脉来检查是否有脉搏。若伤者无脉搏,应立即进行胸外心脏按压。

第八,胸外心脏按压。将一只手掌根放在伤者胸骨下半部,另一只手掌放在第一只手掌上,双手交叉互扣,利用身体重量垂直下压,每次下压深度为5—6厘米,频率为每分钟100—120次。在进行胸外心脏按压的同时,应持续进行人工呼吸,一般每进行30次胸外心脏按压后,进行2次人工呼吸。在进行人工呼吸时,一般采用口对口人工呼吸方式。操作前需确保伤者的呼吸道畅通,用拇指与食指将其鼻翼捏住,使其鼻腔处于封闭状态。施救者用力吸气后,与患者嘴对嘴并将其嘴巴包住,然后缓慢、均匀地向患者口中吹气。吹气时要观察伤者的胸部是否微膨胀或重新有了收缩变化,以判断人工呼吸是否有效。同时,要注意避免过度吹气,以免造成伤者肺部损伤。

在整个心肺复苏过程中,施救者需要保持冷静、果断,严格按照急救程序进行操作。还要时刻关注伤者的生命体征变化,以便及时调整急救措施。通过及时有效的心肺复苏,可以为伤者赢得宝贵的抢救时间,降低死亡率和致残率。

第四节　青少年体能锻炼的运动伤害预防

一　青少年体能锻炼运动伤害预防的原则

(一)树立安全意识原则

青少年时期是身体发育与技能培养的关键时期,他们常常热衷于参与各种体育锻炼，希望通过运动强健体魄、锤炼意志。但在这个过程中，他们也面临着运动伤害的风险。因此，提升青少年的安全意识，特别是预防运动伤害的意识，显得尤为重要。

学校作为青少年接受全面教育的核心场所，其体育教学体系必须具备全面性和深入性。在着重提升学生的技能和体能锻炼的同时，必须高度重视运动健康教育的普及工作。特别是预防运动伤害的教育，其重要性不容忽视。学校应综合运用课堂讲授、案例分析以及实践操作等多种教学手段，确保学生充分认识到运动伤害的潜在风险，并掌握如何在运动中自我保护的方法，从而有效避免潜在的运动伤害。此外，学校还需加强对运动防护技能的培训和指导。青少年只有掌握了这些科学、实用的运动防护技能，才能在运动中表现出更高的自信与从容，进而有效降低运动伤害的发生风险。当然，家长和教练在青少年的运动过程中也扮演着不可或缺的角色。家长应密切关注青少年的运动安全，及时提醒他们注意运动中的潜在风险；而教练则应在日常训练中融入运动防护技能的教授，确保青少年在专业的指导下进行锻炼，从而保障他们的运动安全。

（二）合理负荷原则

在青少年体能训练中要注意安排合理的运动负荷，合理的运动负荷能极大地降低运动损伤发生的概率，确保运动安全。如果运动负荷过大就容易导致运动损伤。但是，也不能为了青少年不受伤而一直采用小负荷练习方式，这不利于良好训练效果的获得。应根据青少年的实际情况和训练目的而循序渐进增加运动负荷，但要在训练者能够承受的范围内调整负荷。

（三）全面加强原则

全面加强体育锻炼主要是指通过科学、系统的训练，促进青少年身体素质的全面发展。身体素质是构成人体各器官系统的机能在体育活动中所表现出来的能力，包括力量、速度、耐力、灵敏、柔韧等多个方面。青少年在体育锻炼中发生运动伤害，往往与其身体素质水平不高有着密切的关系。因此，全面提升各项身体素质是预防运动损伤的重要原则和方法。在青少年体能训练中，要将基础体能训练贯穿其中，可作为专项体能训练的热身内容。

（四）严格医务监督原则

医务监督是预防运动损伤的重要手段。通过医务监督，专业的医疗人员可以对青少年的身体状况进行全面评估，及时发现他们存在的潜在健康问题。这有助于在体育锻炼开始前，就针对个体的身体状况制订合适的运动计划，避免因为运动负荷过大或运动方式不当而引发伤害。在运动过程中，医务监督还可以实时关注青少年的身体状况变化，一旦发现异常，就能立即采取措施进行处理，防止伤害的发生。

除了医务监督外，检查运动场地与器材也是预防运动伤害的重要措施。运动场地和器材的安全状况直接影响青少年的锻炼效果和安全。所以学校和教练应定期对运动场地和器材进行检查，确保其符合安全标准。对于存在安全隐患的场地和器材，应及时进行维修或更换，以消除潜在的安全风险。

（五）灵活调整锻炼计划原则

当青少年在体能训练中出现严重疲劳时，要及时调整训练计划，以免疲劳继续加重而导致损伤发生。调整训练计划并不会破坏训练的完整性，能够防止因青少年受伤而中断训练。对训练计划进行调整，主要是调整训练内容、方法和负荷，以降低难度、减少频率、减轻负荷为主，以促进疲劳的恢复。当青少年疲劳症状消失，身心机能恢复正常时，可继续执行原来的训练计划，但要注意预防损伤。在伤后的恢复性训练中，也要制订相应的恢复训练计划，旨在促进受伤组织的恢复，而如果将原训练计划作为恢复训练计划使用，那么会导致未完全恢复的组织再次受伤。

二 青少年体能锻炼运动伤害预防的措施

（一）贯彻超量恢复锻炼原则

超量恢复是一种基于人体生物适应性的训练方法，通过科学合理的运动负荷和周期性运动等手段,使运动员在恢复过程中实现运动能力的提升。然而,值得注意的是,青少年个体机能存在差异性,因此,在实施超量恢复训练时,应充分尊重个体差异,有针对性地制订和调整训练计划。

(二) 调整好身心状态

在青少年进行体能训练的预备阶段,其身体机能和心理素质常因个人身体条件、情绪状态、运动水平、过往经验以及精神状态等多重因素的影响,发生生理和心理层面的变化。这种变化在接近正式训练时尤为显著,被称为运动前状态。据实证研究表明,运动前状态对正式运动过程和训练效果有着不可忽视的影响,既有正面促进,也可能带来负面阻碍。而且无论神经系统兴奋度过高或过低,均不利于随后的运动训练,并可能限制训练成效。例如,当兴奋度偏低时,可能导致兴趣减退、情绪低落、态度消极,进而影响运动表现;而兴奋度过高时,可能出现紧张失眠、情绪焦虑、食欲下降等情况,同样不利于训练中的发挥。这些过度兴奋或兴奋不足的情况,往往与心理因素密切相关。为了防止不良心理状态对大脑神经状态的影响,进而危及训练安全与效果,青少年在训练前应当积极调整身心状态。若出现失眠、过度疲劳、感冒等身体不适,或遭受精神心理方面的严重冲击,应及时处理并妥善解决。在身心恢复初期,应选择强度适中的训练内容,随着身心状态的逐步调整与恢复,再逐步提高运动强度,以渐进方式提升训练效果。

(三) 做好准备活动

青少年在进行体能训练之前,若能够充分地进行准备活动,不仅能够有效减少运动损伤的风险,还能有效推迟疲劳感的出现,进而促进训练效果的提升。为了确保准备活动的充分性和有效性,具体可分为以下几个部分。

第一,一般性准备活动,该部分活动包括健步走、慢跑等轻度活动,持续时间约 10 分钟。

第二，伸展练习，针对身体主要肌肉群进行静态性伸展练习和被动伸展练习，大约持续10分钟，以增加肌肉的柔韧性和关节的活动范围。

第三，动态伸展，包括原地伸展练习和移动中伸展练习，时间约为10分钟。

（四）加强力量练习

力量素质是其他各项体能素质的基础，其重要性不言而喻。对于青少年而言，具备出色的力量、协调力和耐力，对预防体育锻炼中的运动伤害具有极大的帮助。在体育锻炼的过程中，身体力量较强的青少年往往更能够抵御各种意外冲击，其受伤的概率也相对较低。因此，青少年在日常体育锻炼中，必须充分重视力量练习，通过科学有效的锻炼方法，不断提升自己的力量素质，以确保体育锻炼的安全与效果。

（五）注意体格检查

在有组织性的青少年体能训练活动中，教练员要注重对青少年的体格检查，从而充分了解青少年的身体状况，制订出科学合理的运动方案，这样才能有效预防和避免运动损伤。

（六）维护良好的运动环境

青少年正处于身体发育的关键时期，他们的骨骼、肌肉和关节都还在不断发育完善中。因此，为青少年提供一个良好的体育锻炼环境至关重要，这不仅关乎他们锻炼的效果，更对预防运动伤害具有重要意义。

（七）强化薄弱环节的锻炼

青少年在参与体育运动时出现运动损伤，往往是由于运动链中某些环节的衔接存在不足。因此，为了预防运动损伤，青少年在日常锻炼中应特别注重强化自身薄弱环节的锻炼。具体而言，青少年应首先通过专业的测试来准确识别机体运动链中的薄弱环节。一旦明确了这些薄弱环节，便可有针对性地进行锻炼加强。通过这种针对性的锻炼，不仅可以提高锻炼的精确性和效果，还能有效预防运动损伤的发生。

（八）加强运动保护

青少年在参与各类锻炼项目时，务必采取必要的保护措施以确保自身安全。以举重练习为例，为了避免脊柱承受过大的负荷，青少年应佩戴腰封或贴上运动贴布，从而有效减轻脊柱的压力。对于初学游泳的青少年来说，穿戴救生衣和使用游泳圈是必不可少的，这些装备能够提供额外的安全保障，防止意外事故的发生。同样地，自行车运动爱好者在进行健身锻炼时，也应佩戴头盔和护膝等防护装备，以减少意外受伤的风险。总之，无论参与何种锻炼项目，青少年都应充分认识到安全的重要性，并采取有效的保护措施来保障自己的健康与安全。

（九）做好运动后的整理恢复活动

运动后的整理恢复活动对于青少年来说至关重要，其重要性不亚于运动前的热身准备。整理恢复活动是为了帮助机体快速消除运动后的疲劳状态。在剧烈运动后，机体会产生大量的供能代谢产物，这会导致内环境酸碱度失衡，从而引发一系列生理反应。此外，氢离子的堆积可能阻塞供能循环通路，乳酸盐的生成以及磷酸原、糖原的大量消耗，都会严重影响机体的能量合成效率，进而加剧疲劳感。

为了有效促进机体的恢复，缓解延迟性肌肉酸痛，青少年在运动结束后应进行适当的整理活动。这些活动包括放松练习和静态拉伸等，持续时间建议为10—15分钟。通过这些活动，可以帮助肌肉放松，促进血液循环，加速代谢产物的排出。此外，运动后的营养补充和水分摄取也是促进机体恢复的关键。青少年应合理摄入富含蛋白质、维生素和矿物质的食物，以及适量的水分，以补充运动中消耗的能量和水分。

除了上述方法，青少年还可以采用多种有效手段来消除机体和心理疲劳。例如，利用温度刺激法（如冷暖浴、桑拿浴）来促进血液循环和新陈代谢；通过按摩来放松肌肉，缓解紧张感；听音乐帮助放松心情，促进身心的全面恢复。

（十）消除运动疲劳

在较长时间或较大负荷的身体活动中，人的身体机能、机体工作能力可能会暂时性降低，这时基本可以判定机体处于疲劳状态。一般的疲劳只是暂时的，在休息或采取其他干预手段后，疲劳症状会逐渐消失，机体工作能力将恢复到活动前状态。当身体出现疲劳信号时，主观上会感觉到身体不适，客观指标测试结果也会显示异常，这说明机体承受的负荷已经比较大了，必须停止继续给机体施加负荷，而如果依然采用之前的负荷强度，甚至增加负荷，那么身体会陷入过度疲劳状态，将影响身心健康。疲劳是一种保护性生理反应，它在提示人们当下机体承受的负荷足够大了，不能再继续加大负荷了，如果违背规律而出现过度疲劳，那么普通的生理现象就可能演化为病理现象。

青少年在体育锻炼中产生运动性疲劳是在所难免的。运动性疲劳只是机体的生理过程不能维持其机能在某个特定的水平上，或不能维持预定的运动强度。运动性疲劳往往伴随着体内能量元素的减少，同时也伴随着肌肉用力顺序的紊乱、神经刺激传导过程无序和混乱，也就是机体相关联结紊乱，这时身体机能水平和机体活动能力明显下降。青少年在体育锻炼中产生的运动性疲劳通常具有四个特点。

第一，由运动锻炼引起，疲劳既包括身体疲劳，也包括心理疲劳。从疲劳发生的部位来看，可能是整体疲劳，也可能是局部疲劳。从身体机能来看，不同身体系统都有出现疲劳的可能，如呼吸系统、心血管系统等都有可能疲劳，有时也表现为肌肉的疲劳，如骨骼肌疲劳。

第二，出现疲劳后，疲劳部位的功能会暂时性下降。

第三，青少年出现疲劳后会自感不适，如心跳加速、呼吸不畅等，而且测试一些客观指标，如心率、血压等，结果往往也是异常的。

第四，身体机能水平的下降是暂时的，结束运动，经过合理补充营养、充分休息等方式可以自然而然地消除疲劳。

青少年在体育锻炼中发生运动疲劳属于正常的生理现象,在运动中要防止出现过度疲劳,运动结束后也要及时采取措施进行疲劳干预,快速消除疲劳。常见的疲劳消除方法有四种。

1. 合理补充营养

在体育锻炼中出现疲劳症状的青少年,在结束运动后要通过合理补充营养来消除疲劳,促进身心恢复。科学合理地补充营养,有助于使青少年的产能反应得到改善,促进机体内环境维持稳定状态,尽快缓解机体疲劳症状,使体力恢复到运动前的正常状态。青少年体育锻炼结束后的营养补充以常规营养素为主,如蛋白质、糖、电解质、维生素、矿物质等。有时也可以通过补充酸性盐类、碱性盐类等达到抗疲劳的效果。

需要强调的是,青少年在进行体育锻炼时由于大量出汗,身体的水分会大量流失。这种情况不仅容易导致疲劳,而且严重的情况下还可能出现脱水症状。所以无论是在运动过程中还是运动后,补充适量的水分都至关重要。饮水的时机不应仅基于口渴的感觉。当青少年感到口渴时,实际上身体已经处于缺水状态,这可能会严重降低他们的运动表现,并增加受伤的风险。因此,应鼓励青少年在体育锻炼中适时补充水分,而不仅仅是在感到口渴时才进行。同样,运动结束后也应尽快补水,以补充身体在运动中流失的水分。

2. 进行活动性休息

在做完必要的整理活动之后,可以衔接一些活动性休息的内容。活动性休息以轻微运动为主,它和完全坐着或躺着不动的休息是对应的。进行活动性休息可以快速排除体内的乳酸,对促进机体血液循环很有帮助。一般来说,散步、慢跑、变换活动部位等都是青少年在体育锻炼结束后可选择的活动性休息方式。

3. 睡眠

对任何人来说,消除疲劳、恢复体力都需要良好的睡眠。当人处于睡眠状态时，神经系统的兴奋过程降低，机体分解代谢处于最低水平，合成代谢处于较高水平，从而有助于积蓄能量，为第二天的身体活动做好能量准备。青少年在结束一定强度的体育锻炼后尤其要保证充足的睡眠。如果运动量很大，可适当延长睡眠时间。

4. 持续静力牵张练习

持续静力牵张练习（牵拉练习）具有消除肌肉疲劳、促使肌肉放松、缓解肌肉迟发性酸痛的作用。牵张练习的这一效果已经得到了科学研究的证明，有关研究显示，在进行肌肉牵张练习时做肌电图测定，结果显示静力性牵张练习开始时肌肉放电明显，表明肌肉处于疲劳性痉挛状态。当牵张至适当程度时，则肌肉呈电静息状态，表明肌肉痉挛症状得以缓解甚至消失。可见，在体育锻炼后做持续静力牵张练习有助于消除肌肉酸痛症状，缓解肌肉痉挛，促进肌肉正常功能的恢复。

第七章 青少年体质健康视角下学校体育教育改革的思考

青少年时期是身体发育和素质提升的关键时期,学校体育教育作为培养青少年体质健康的重要途径,其改革与发展一直是教育领域和社会各界关注的焦点。在当前社会背景下,青少年体质健康问题日益凸显,肥胖、近视等问题的增多引发了人们对学校体育教育效果的深刻反思。因此,从青少年体质健康的视角出发,对学校体育教育进行深入思考和改革,具有重要的现实意义和深远的社会影响。

第一节 体育教育对青少年健康发展的影响

一 学校体育教育的基础理论

(一) 学校体育教育的指导思想

1. 快乐教学指导思想

体育教育若仅停留于知识传授与技能训练的层面,而缺乏对趣味性的关注,容易使教学过程变得单调乏味,导致青少年学生在长期的学习过程中失去兴趣,进而对教学质量产生不良影响。因此,将趣味性元素融入体育教育中,以提升教学过程的吸引力,显得尤为重要。这要求在学校体育教育实践中,积极树立快乐教学的理念,强调在增进学生体育兴趣和创造力的同时,促进学生的身体素质和运动能力的提升。

实施快乐教学，体育教师需将部分传统的运动教学转化为情感教学，在关注学生身体健康和运动技能发展的同时，注重对学生人格的全面培养。同时，教师应引导学生树立自主学习、乐于学习的观念，使他们在体育学习的过程中体验乐趣，探索奥秘。为了增强体育教育的趣味性，教师还需对传统教学方法进行改革创新，适当引入游戏化的教学方法，以营造更加活跃的课堂氛围，激发学生的学习兴趣。

2. 人本教育指导思想

人本主义理论主张以人性为基点，探讨技术发展的方向，致力于实现人与自然、社会的和谐共生。这一理念强调尊重人性与个性，对于促进人的全面发展具有深远意义。目前，人本主义理论已在多个领域得到广泛认同，并作为指导原则付诸实践，教育领域亦不例外。将人本主义理念融入教育领域，结合教育特性，形成了人本教育思想。

人本教育思想的核心理念是以学生为中心，教学活动应围绕学生的兴趣爱好和个性需求展开，而非以教师为中心。在教学过程中，应针对不同学生的特点进行差异化、个性化教学，充分激发每个学生的潜能，促进他们的健康发展。

总的来说，人本教育思想尊重人的本质属性，通过科学教育满足学生的心理需求，实现个性化发展目标，提升生命质量。这与全面发展的教育思想在一定程度上高度契合。

3. "终身体育"指导思想

"终身体育"这一理念深入人心，它强调个体在任何时间、任何地点，都能结合自身条件与需求，参与到适宜的体育锻炼中。这一理念不仅涵盖了学校体育、家庭体育和社会体育三大领域，共同构建了一个立体化的体育空间框架，更要求每个空间内的个体都具备自我锻炼的能力，并养成良好的锻炼习惯，这些均是构成"终身体育"不可或缺的核心要素。

在学校体育、家庭体育和社会体育中，体育运动的多元价值得到了充分展现。无论是增强体质、促进心理健康,还是陶冶情操、预防疾病以及促进社交等,体育运动都扮演着举足轻重的角色。鉴于体育运动在个体生命中的重要性,学校体育教育应当树立"终身体育"的指导思想,构建起与之相匹配的教学体系,从而推动体育教育的深化与拓展。这样,体育运动便能伴随学生一生,为他们的健康保驾护航。

(二)学校体育教育的基本原则

1. 差异性原则

差异性原则是指体育教师在体育教育过程中,要充分考虑学生的个体差异。因为学生体质健康水平、运动基础、学习能力等存在差异,所以不适合采用"一刀切"的教学方法。体育教师要根据学生的个体差异程度采取不同的教学方法,对不同水平的学生进行不同的指导,做到因材施教。这就要求体育教师要具有丰富的教学经验,对学生的身心发育规律、体能差异、运动水平差异有一定的了解和掌握,并能够敏锐地观察每个学生在体育课程学习中的表现,进行适时的、正确的引导。

2. 从实际出发原则

从实际出发原则是指教师在开展体育教育时,需依据实际情况灵活调整教学内容,从而最大限度地促进学生的发展。例如,若按照预先设计的教案,一节课应教授几项基本技术,然而在实际教学中,若学生已熟练掌握这些动作,并因此失去兴趣和热情,教师则应立即根据实际情况做出相应的调整。这包括但不限于调整教学内容的难易程度、变化教学方法等,以选择最适合且能有效激发学生参与热情的教学方式。唯有当学生全身心地投入到学习过程,才能达到最佳的教学效果,从而真正实现教育的目标,使学生受益良多。

3. 兴趣原则

在学校体育教育过程中,学生的兴趣表现应受到特别的关注。普遍而言,学生天生对外界充满好奇,对新奇事物有着强烈的探索欲望，这种兴趣是他们行动的最大驱动力。然而学生之间的天性差异是不可避免的，有些学生可能更倾向于参与游戏化的体育活动，而另一些学生则可能更热衷于竞技性强、攻守激烈的体育活动。因此，教师在进行教学时，不仅需要充分调动和激发学生的兴趣，更需要尊重和理解他们的个人兴趣。根据学生的兴趣爱好进行个性化教学，有助于更好地激发学生的学习积极性和主动性。这样，不仅有利于提高学生的体育学习效果，也能更好地促进学生的全面发展。

4. 启发创造原则

学校体育教育的重要性不仅在于传授体育与健康知识、体育专项技能，更在于全面提升学生的综合素养。这包括培养学生的体育理论素养、运动能力、智力发展、意志品质、情感丰富和创造力提升。为实现这些培养目标，必须贯彻启发创造原则，通过创设情境、设计问题等方式，鼓励学生独立思考和解决问题，无论是独立还是合作。这既是学校体育教育的责任，也是素质教育的基本要求。

为了在学校体育教育中有效贯彻启发创造原则，需要满足三点要求。

第一，要激发学生的学习动机和热情，使他们积极投入到探索与创新的过程中。

第二，将培养学生的思维能力作为明确的教学目标，注重学生的思维发展和提升。

第三，设置适宜的问题情境，以启发学生自觉思考，培养他们的问题解决能力和创新思维。

5. 适量性原则

适量性原则是指在学校体育教育中有意识地控制练习时间、强度和频率，防止运动负荷过大造成学生过度疲劳或受伤。在进行体育教学时，必须始终以确保学生的安全为前提。在安排运动负荷时，务必遵循适量性原则，以防学生因过度劳累或过度兴奋而对身心健康造成不良影响。体育教育的形式、内容和运动负荷都必须严格符合适量性要求。在实施教学过程中，需特别注意三个要点。

（1）合理调节负荷、节奏。依据学生的认知水平，在教学的前半阶段设置具有适度挑战性的内容，例如新颖或难度较高的动作。在后半阶段，可安排难度相对较低或具有复习性质的任务。另外，为了有效管理学生的情绪状态，应遵循循序渐进的原则来规划运动负荷。若一开始即引入过于刺激的内容，可能会分散学生的注意力，不利于新技能的掌握。因此，在教学的后期阶段，可适时提供让学生释放情绪的机会，通过自由练习来巩固所学内容。

（2）科学安排时间。在学校体育教育过程中，教师应合理掌控教学时间，确保讲解与示范时间的平衡。若时间分配过短，学生可能无法全面理解教学内容；时间过长，则可能分散学生的注意力。

（3）课前做好准备工作。体育教育实践课主要在户外进行，这就要求教师在课前必须对天气状况有清晰的认识，并对场地及其相关设施的安全性进行确认。这些都是教师在课前必须充分准备的重要环节。另外，教师还需根据季节和气温的变化，适时调整教学中的运动负荷。在炎热的夏季，应避免在阳光强烈的时间段进行户外活动，并选择一些运动量较小的内容进行教学；而在寒冷的冬季，则可适当增加运动频率和负荷，以适应季节特点。

6. 师生协同原则

在学校体育教育中，教师的教授与学生的学习之间存在着紧密的联系，二者相互影响、相互作用。整个教学过程实质上是一个教师与学生频繁互动、协同完成教学任务的过程。鉴于这一特性，贯彻师生协同原则在体育教育中显得尤为重要。在体育教学过程中，既要承认并尊重教师的主导地位，也要高度重视并尊重学生的主体地位。体育教师的主导作用与学生的主体能动性应相互促进、协调配合，尤其要强调学生发挥主观能动性在提高教学效果中的重要性。

为了在体育教育中有效贯彻师生协同原则，需遵循四点要求。

第一，体育教师与教学对象之间应建立和谐的关系，为有效的教学互动奠定良好的基础。

第二，体育教师应引导学生掌握适合自身的学习方法，充分激发其学习的主动性与积极性。

第三，教学过程应生动有趣，氛围和谐活泼。

第四，师生间应平等对话，以提高互动质量，共同促进教学效果的提升。

二 体育教育对青少年身体健康的影响

（一）对大脑的促进

经过系统的体育学习与长期的体育运动实践，学生在生理机能上展现出显著的优势。相较于缺乏运动的学生，他们的肺活量和心血管健康状况更佳。通过持续的体育锻炼，学生的肌肉群得以更加丰满和发达，为心脏提供了坚实的支持体系。这种生理状态不仅满足了大脑在长时间工作过程中对氧气、葡萄糖等能源物质的需求，而且确保了学生在学习过程中能够保持头脑清晰、精力充沛，有效减少疲劳感。

（二）对呼吸系统的促进

青少年通过在学校定期参加体育锻炼可以显著增强呼吸肌的力量，扩大肺活量，并优化呼吸频率，从而有效提升呼吸系统的整体功能。相比之下，缺乏体育活动的青少年往往表现出胸廓活动受限和呼吸无力的症状。而经常进行体育锻炼的青少年，随着呼吸运动的增强，腹部、肩膀和背部的辅助肌肉也会参与到呼吸过程中，使呼吸肌变得更加强健，呼吸功能逐步提高。

具有较大肺活量的人通常在安静状态下呼吸较深且缓慢，每次呼吸后的休息时间较长，这样的呼吸模式使得他们不容易感到疲劳。在进行轻微运动时，这些人较少经历呼吸急促或胸闷的不适。反观未经常进行体育锻炼的青少年，由于肺活量较小，在体力活动中呼吸频率往往会加快，呼吸肌过度紧张，从而更易感到胸闷和呼吸困难。因此，体育教育对于改善青少年的呼吸系统功能起到了至关重要的作用。

（三）对消化系统的促进

运动能够显著提升体内新陈代谢的速度，进而导致能量物质的大量消耗。为了满足机体对能量的迫切需求，消化系统会积极发挥其功能，更有效地吸收营养。在神经和体液的协同调节之下，人体消化系统的物理和化学消化功能会得到显著加强。这具体表现为消化腺分泌的消化液数量增多，同时消化管道的蠕动也会增强，这些生理变化都有助于食物更好地被机体吸收和利用。此外，运动还能促进呼吸活动的加强，使得横膈肌和腹肌的活动范围得到扩大。这些活动不仅对肝脏和肠胃产生了按摩作用，进一步促进了消化过程的顺利进行，还有助于提升整体的消化效率，使机体能够更好地吸收和利用食物中的营养成分。

（四）对心血管系统的促进

在体育教育中，学生积极参与体育活动，这一过程对于心脏健康具有显著益处。体育活动使心肌持续收缩，进而增加血流量，确保心脏得到充足的氧气和必需的营养物质。这种规律性的锻炼有助于心肌纤维变得更加粗壮，同时扩大心脏容量，这对于维护心脏的正常功能至关重要。

值得一提的是，有氧运动对于学生而言，不仅是锻炼身体的良方，更是预防和治疗心血管疾病的有效手段。通过参与有氧运动，学生能够提高心血管系统的健康状况，降低患病风险，提高生活质量。

三 体育教育对青少年心理健康的影响

（一）培养集体意识，树立正确的价值观

在学校体育教育体系中，实施集体体育活动，对于推动青少年间的互动与沟通，巩固彼此之间的关系与友谊，以及塑造积极向上的班级文化具有显著作用。通过参与这些体育活动，青少年能够在人际交往中更深入地认识到良好关系的重要性，满足其心理层面的情感需求，从而进一步推动其心理健康的积极发展。

（二）释放压力，消除不良心理

在当前社会高度竞争的背景下，青少年群体所承受的压力日益增大，这无疑对其心理健康的形成与维护构成了挑战。学校体育教育在此方面发挥着至关重要的作用，通过为青少年提供适量运动的机会，不仅能够帮助他们释放压力，还能够有效消除不良心理状态，进而提升其整体健康水平。参与学校的体育活动能够激发中枢神经系统的活性，促使大脑皮层释放多巴胺这一"快乐激素"，其含量的增加将带来愉悦感受，为青少年提供有效的心理调节机制，以抑制和抵御不良心理状态的发展。

（三）增加自信，提升青少年心理素质水平

在体育教学中，通过精心设计和实施各种体育活动，不仅能帮助青少年在参与中体验到成功，还能显著增强他们的自信心，从而提高和改善他们的心理素质。体育活动中的每一次成功都可以增强青少年的自我效能感，让他们在面对挑战时更加自信。体育教育过程中，体育教师的角色至关重要。他们不仅负责技能传授，还需通过建立积极的师生关系为青少年构建一个促进其自我价值实现的环境。在此环境下，青少年得以学习如何妥善处理日常生活中的烦恼、孤独感及焦虑等负面情绪。通过参与团队运动和个人竞技，青少年不仅学习了合作与竞争之道，还在社交互动中找到了归属感，这对于预防社会隔离感、增进社交技能至关重要。因此，体育活动不仅强化了青少年的体能，更成为一种有效的心理和社会技能培养方式，对青少年的全面发展和心理健康起到了积极的促进作用。

（四）促进个性化发展

体育教育既可以锻炼青少年的体能，还在很大程度上考验并增强他们的耐力和意志力，这对提升青少年的心理素质和推动其个性化发展具有重要作用。通过参与各种体育活动，青少年可以学习如何面对挑战，处理压力，并在逆境中坚持不懈，这些都是促进成长和成熟的关键因素。除此之外，学校提供的丰富体育选修课程为青少年提供了

选择自己感兴趣的运动项目的自由,这种自主选择的过程本身就是一种个性化的发展体验。通过参与他们选择的运动,青少年不仅能够发挥自身的优势,还可以识别并弥补自己的不足,从而在不断的实践中提升自我。这种教育模式不仅促进了青少年在体育领域的技能提升,更重要的是,它帮助他们在自我认知、自我表达和社交互动中取得进步,从而全面提高了他们的综合素质。

(五)提升适应社会能力

学校作为一个缩小版的社会群体,为青少年提供了一个学习和生活的环境,这有助于他们锻炼和提高适应社会的能力。心理适应能力,尤其是在人际关系方面的适应能力,是青少年健康成长的关键因素。许多青少年的心理问题主要源于人际关系的失调。在体育教育中,教师通常会组织以班级为单位的集体体育活动,这些活动不仅丰富多彩,而且有助于促进青少年在群体中的多向交流。通过参与这些活动,青少年不仅能培养团队合作的精神,还能提升自身的适应能力,为将来更好地融入社会奠定坚实的基础。

从社会文化的角度看,竞技体育和体育竞赛在很大程度上模拟了社会的生产和生活环境。体育精神反映了青少年应有的现代社会精神,而体育教育的内容往往也是社会生活的一个缩影。通过参与体育活动,青少年在教师的引导下经历成功与失败,学会发挥自己的优点和克服缺点。这种体验不仅帮助他们正确理解体育、生活和社会,而且有助于培养他们的情感和引导他们树立正确的价值观。

第二节 "健康第一"理念下学校体育教育的优化改革

一 "健康第一"教育理念解读

"健康第一"作为教育工作的基本要求,历史悠久。早在20世纪50年代，面对青少年学习压力大、身体健康状况下降的问题，毛主席就在给教育部长的信件中提出了"健康第一，学习第二"的教育方针。在当今时代，一些地区和学校仍对体育教育的重要性认识不足，忽视了课外体育活动的开展，导致体育活动的质量亟须提高。青少年普遍面临体质下降、肥胖和近视等健康问题。2018年的全国教育大会上，习近平总书记重申了"健康第一"的重要性，将其提升为教育理念，这标志着"健康第一"的教育理念不仅仅是关注体育锻炼，而是关乎中国当代教育的整体方向。

"健康第一"的教育理念要求我们在教育过程中把青少年的健康放在首位，将其作为教育的首要任务。在当前教育环境中，尽管一些家长和教师清楚地知道短视和功利的教育方式严重影响青少年的身心健康，却仍陷入了教育误区。强调"健康第一"是为了改变当前教育生态，唤醒教育改革的力量。"健康第一"的理念是永恒的，不受时代变迁影响，只要我们对健康有正确的科学认识，"健康第一"就是一种真实且必要的教育追求。

健康是教育的基础和起点。无论教育目标为何，培养什么样的人，首要任务都是保护和促进青少年的健康，使他们免受疾病的侵扰，保持活力和良好的适应能力。健康也是教育的目标和归宿。健康不仅是资源，也是一种理想的生活状态和个人目标，尤其对于处于成长阶段的青少年。很少有人生来就完全健康，成为一个在身体、心理和社会适应上全面健康的人更是难上加难，但教育不能没有方向和理想。树立"健康第一"的教育理念，就是让教育坚守理想，促进生命的健康成长，使青少年的潜能得到全面发展，达到人的本质和理想状态。

"健康第一"作为教育理念，不仅展示了理想的教育图景，也表明了教育的高远追求。为了将这一理念变为现实，学校教育中必须坚定不移地推进以"健康第一"为核心的教育教学改革，关注并提升青少年的健康水平，培养全面健康的青少年。

二 "健康第一"视角下学校体育教育方法的改革

(一) 关注青少年健康,培养青少年健康意识

体育教育的重要意义在于传授体育知识与运动技能,从而推动青少年的身心健康与全面发展。然而在现实的教学实践中,由于体测达标的硬性要求,青少年在体育课堂上往往只能按照固定的模式进行模仿练习,以满足测试标准,这样的教学模式往往忽视了对他们健康意识的培养。为了改变这一现状,必须重新审视并调整教学评价的方向。应坚持"健康第一"的教育理念,逐步减少"达标测试"在教学评价中的权重,而将更多的关注放在青少年实用性运动技能的学习成果以及他们在体育学习过程中所展现出的积极态度上。这样的评价方式不仅能减轻青少年对"达标率"的过度焦虑,更能引导他们将体育学习与健康素质的培养紧密结合,实现二者的相互促进。在这个过程中,体育教师的角色也至关重要。他们应善于运用"点拨"的教学方法,针对青少年的个体差异和需求,有针对性地进行健康意识的启迪。通过这样的教学方式,不仅能够提升青少年的体育运动技能,更能培养他们的健康意识,实现技能与健康意识的共同提升与发展。

(二) 加强与青少年的情感互动,为营造轻松愉悦的学习氛围

在传统体育教育中,由于教师常采用"填鸭式"或"灌输式"等较为强制性的教学方法,教师与青少年这两大教学行为主体之间的地位产生了明显的落差,使得他们之间的情感交流变得困难重重。该教学方式对青少年施加了过大的学习压力,甚至导致他们对体育课产生畏惧情绪。此种情形不仅妨碍了体育教学活动的正常开展,而且对青少年的身心健康造成了严重的负面影响。为了改善这一局面,必须在"健康第一"的理念指导下对体育教育方法进行革新。这种革新应以改善师生关系为基石,促使体育教师更加积极主动地与青少年进行互动沟通。体育教师可以采用鼓励、启发、肯定、引导等策略,以减

轻青少年的体育学习压力，让他们在愉悦和谐的环境中学习和成长。在与青少年交流的过程中，教师应充分尊重他们的个性和需求，以平等的视角与他们进行情感交流。这样不仅可以舒缓青少年学习的紧张情绪，还能够提高他们的体育学习积极主动性，从而达到更好的教学效果。

（三）实施能够激发青少年兴趣的微课教学法

微课这一创新的教学方法，以教学目标和教学要求为基石，运用视频这一直观载体，精准地记录并呈现课堂教学中的各个环节，包括教师的教学演示、青少年的学习互动以及师生间的深度交流。它独具特色，教学时长紧凑，内容精练且针对性强，尤其注重师生间的互动与反馈。微课的广泛应用及其重要性，主要体现在以下几个方面。

第一，微课能够有效调动青少年对体育学习的积极性，通过生动的视频内容，激发他们的学习兴趣和动力，进而促进学习效率的显著提升，为青少年的身心健康打下坚实基础。

第二，微课的出现，对传统教学模式中的不足之处进行了有力改革。它摒弃了传统教学中的冗长和烦琐，提升了教学模式的实用性和高效性，使教学更具针对性，应用价值得以显著提升。

第三，微课巧妙地整合零碎的教学时间，通过短小精悍的视频内容，将碎片化的时间有效利用起来，提高了课堂时间的利用效率，让每一分每一秒都充满学习价值。

第四，微课充分尊重青少年的主体性，以他们的学习需求和兴趣为出发点，设计更具针对性的教学内容，使教学更加贴近学生的实际需求，提高了教学的针对性和实效性。

第五，微课还具备即时反馈和纠正的功能。通过视频回放，教师可以及时发现并纠正青少年的错误动作，规范他们的动作要领，从而确保学习效果和动作质量的提升。

三 "健康第一"视角下传统体育教育模式的改革

(一) 传统体育教育模式改革的必要性

在应试教育时代,运动技能传授模式、小群体教学模式等传统体育教育模式发挥了重要作用。然而随着新时期的到来,社会环境日新月异,教育改革不断深化,传统体育教育模式的弊端逐渐显现,亟须进行深刻改革。

青少年天生活泼好动,充满好奇心,思维敏捷,热衷于挑战新事物。但他们的兴趣往往多变,难以持久,缺乏坚持的毅力。虽然许多青少年对体育课抱有浓厚兴趣,但过多的课堂约束和限制往往会消磨他们的热情。传统体育教育模式的僵化框架不仅限制了体育教师的创造力,也束缚了青少年的主观能动性。体育教学往往变得单调乏味,缺乏活力,不利于培养青少年的学习兴趣和个性发展。因此,必须加快对传统体育教育模式的改革步伐。随着素质教育、健康教育、全面育人等教育理念的深入人心,对青少年兴趣、特长和综合素质的培养变得尤为重要。需要摒弃传统的灌输式教学,更多地引导青少年,少些空洞的说教,传授适合他们的学习方法和运动方式。让每个青少年都能在课堂上充分发挥自己的特长与个性,获得实质性的锻炼、提升和成长。

改革传统体育教育模式,不仅要改变身体锻炼和教育方式,还要融入心理教育,实现身心教育的有机结合。要培养青少年良好的道德品质,使他们成为有思想、有个性、有情感、有意志的人,能够自主学习,不断进步,实现全面健康和全方位发展。在改革过程中,需要巧妙地转化传统模式中的限制性条件,使其成为促进教学的积极因素。要解放思想,拓展思维,大胆创新,突破固有框架的束缚。当然,这并不意味着放任青少年无序地"疯玩",基本的课堂纪律仍然是不可或缺的。在遵守课堂管理规定的基础上,应为青少年提供更多的自由空间,通过丰富教学内容、创新教学方法,激发他们的学习热情,营造积极向上的课堂氛围,推动青少年学习效率的显著提升。

(二)传统体育教育模式改革的建议

1. 根据体育教育的特点进行教学

在体育教育教学的组织过程中,教材如同一座桥梁,连接着教师与青少年,为师生互动提供了坚实的基础。围绕教材展开的互动,使得课堂教学呈现出动态化的统一性,教师与青少年在相互作用中共同塑造着独特的课堂教学形态。在充满变化的体育教育中,体育教师为了完成教学任务、达成教学目标,会针对性地选择课堂组织方式和教学方法。他们根据教材内容进行施教,而青少年则跟随教师的节奏有序地进行学习。体育教学的魅力在于其灵活性,没有固定的模式。教学组织形式、教学方法都会随着教学对象、教学内容等因素的变化而灵活调整。因此,在体育教学中,需要根据具体的教学特点进行针对性的教学,并接受课堂架构的多元化。课堂结构的安排应系统化、合理化,要依据课程类型、教学内容、教学组织形式以及青少年的实际情况来不断调整与优化。体育教师应具备灵活安排课堂结构的能力,能够根据不同的课堂教学任务和教学目标,充分发挥不同课堂结构的优势,使其发挥最大的作用。

对于课堂上的教学内容和教学方法,体育教师应做到心中有数。无论是安排教学内容还是选择教学方法,都应以促进青少年的健康为目标,确保每一节课都能为青少年的成长和发展提供有力的支持。通过这样的教学方式,才能真正实现体育教育的目标,培养出健康、快乐、全面发展的青少年。

2. 实施健身体育教育教学模式

健身体育教育教学模式的核心在于激发青少年对体育活动的自主参与和积极投入,致力于培养他们的运动兴趣、运动意识及终身体育习惯。该模式秉持的基本理念是,通过引导青少年参与体育运动,保持他们对体育的持久兴趣,端正他们的运动态度,进而探索那些能够促进青少年身心健康、提升他们综合素质的体育活动。通过亲身参与，青少年能够增强体质，实现健康成长。

在实施健身体育教育教学模式的过程中，确立体育活动的明晰界线是至关重要的。这涵盖了指定的活动区域与实际边界，以及每项活动的具体规则与要求。只有确保了这些要素，课堂秩序才能得以维护，青少年的课堂行为也将更加规范。确立明确的规则、要求和边界，不仅是体育教育管理的核心，更能有效减少管理的时间成本，使教师能够将更多精力投入到指导青少年参与体育活动中，进而推动他们身体素质和运动能力的全面发展。在此过程中，不仅要注重培养青少年的健康体魄，更要重视塑造他们的健康心理，以实现身心的双重健康。通过规则的学习与遵守，青少年不仅能学会如何在运动中保护自己，更能体验到运动的乐趣和团队合作的喜悦。这样，健身体育教育教学模式不仅能让青少年在运动中成长，更能让他们在运动中收获快乐与自信。

3. 合理利用竞技体育教育教学模式

竞技体育的教育教学模式以其高标准、严要求而著称。将其引入体育课堂后，与传统教学模式相比，其最大的区别在于课堂评价体系的变革。在这种模式下，不仅要从技术层面精细地评价青少年的表现，还要深入培养他们的课堂认知、学习态度以及裁判意识。在构建竞技体育教育教学模式的过程中应高度重视运动技能的培养与提升。这不仅仅局限于单纯的技能传授，更在于培养青少年具备掌握特定运动技能所需的专项身体素质。同时，也注重培养青少年的实践能力，激励他们将课堂所学的运动技术技能运用到实际比赛中，努力争取取得优异的成绩。

值得一提的是，竞技体育教育教学模式明确强调了培养青少年裁判意识与基本执裁能力的重要性。这要求青少年不仅要系统学习裁判知识与规则，还需在比赛中能够熟练运用，以展现其专业素养和综合能力。

第三节　学校体质健康测试的改革

一　体质测评的重要性

（一）开展科学体育锻炼的必要准备

人体的体质健康水平是动态发展的，在不同的阶段，在不同的精神状态、营养水平以及休息的好坏都会对体质产生明显的影响。在促进青少年体质健康发展的过程中，需要对他们基本体质情况有所了解，然后才能有针对性地实施体育锻炼的计划，因此，体质测评是必不可少的环节，这也是体质测评的重要性的体现。

有些学生会将体质测评与体检相混淆。实际上，体检的目的是对身体进行病症的排查，而体质测评则是对健康水平的评测，即对身体质量的分析，从而为接下来的科学锻炼做好准备。比如通过体质测评，能够对青少年的身体基本情况有了初步的了解，尤其是对一些具有运动禁忌的体征，能够明确而具体地给出建议，从而避免了因盲目锻炼而造成不可逆的可悲后果。因此，进行体质测评是青少年开展体育运动之前，必须进行的一个环节，它对于安全开展体育运动具有重要意义。

（二）激励青少年持续运动有效手段

第一，体质测评就是对身体质量的一个定量测评，通过全面的测评，能够帮助青少年认识自身的身体素质状况，并且还能具备一定的定量掌握。比如，通过体质测评，青少年能够对自己心肺功能、肌肉力量、柔韧性、体脂含量等都有了清晰的概念。并且通过和标准相对照，能够知道自己的体质水平处于什么位置，哪些需要改善，哪些可以加强，这能帮助青少年在进行运动时能做到心中有数，相对于盲目的体育训练，这会让青少年自觉地、更有针对性地开展体育运动。

第二，定期进行体质测评还能够帮助青少年直观地看到自己努力的成果。比如通过一学期的认真锻炼，发现自身的力量、肺活量或体脂等指标发生了显著的变化，这样的成果比任何其他激励手段都更能促进青少年积极开展体育运动，并且对青少年的自信心和自我效能感的建立也具有积极意义，激励他们长期地、规律地进行体育锻炼，形成让他们终身受益的良好生活习惯。

二 体质测评的主要内容

国内外对体质健康水平的测评一直在不断的研究过程中，随着科学的进步，以及人们对健康和人体的认知的不断加深，国际上对体质健康指标的选择，逐渐地由"运动技术指标"向"健康相关指标"转变。就我国的具体情况来看，这些评价标准基本上是从身体形态、身体机能和身体素质等方面进行测评，每一个方面能反映出身体的不同质量特征，具有较强的代表意义。但具体的实践中，又会将身体形态、心肺功能、肌肉力量与耐力素质、柔韧素质、身体成分等几方面的评价指标作为体质健康评价的重点因素。具体而言，每一种测量因素的测量手段分别如下。

（一）身体形态

对身体形态的测量包括身高、坐高、体重、腰围、臀围、体脂率等指标，这些指标能够对人体质量水平进行初步的判定，具有较高的参考价值。

（二）心肺功能

心肺功能对于人体的健康具有非常重要的作用，尤其对于心脏的活力和功能，对于人们进行耐力活动等，都具有决定性的影响。因此，在测量人体的心肺功能时，通常采用的方式和手段为中长跑、台阶测试，或者通过仪器进行肺活量和心率指标的检测。

（三）力量和耐力

肌肉力量与耐力是人体质量的最基本的元素，也是开展运动锻炼的基础条件。一般的可以通过引体向上、投掷实心球、立定跳远、握力等测量指标来反映。

(四) 柔韧素质

柔韧素质实际上在一定程度上与人体的年龄有直接关系，一般情况下，随着年龄的增长，人体的柔韧素质会逐渐降低，越是年轻的身体，其柔韧性越好，而老年人无论是基本日常活动还是在一些运动表现上，其柔韧性都明显地不足。一般来说，可以通过体前屈、背伸等指标测量人体的柔韧素质。

三 青少年体质健康监控方案

(一) 青少年体质健康监控方案的制订原则

1. 安全性原则

为确保青少年体质健康水平得到稳步提升，制订与实施青少年体质健康监控方案显得尤为重要。在这一方案中，必须包含针对运动锻炼的细致监控内容。在具体实施运动监控时，必须高度重视安全性和有效性，确保青少年在锻炼过程中的安全，并努力提高锻炼效果，从而达到提升青少年体质健康水平的最终目的。

2. 全面性原则

在制订青少年体质健康管理方案时，需全面考量影响青少年体质健康的各类因素。应积极发挥有益因素的促进作用，同时预防并减轻不利因素对青少年体质健康的消极影响。力求方案内容详尽、周到，确保方案的有效性和适用性。

3. 便于调整原则

根据当前青少年的体质健康状况制订详尽的体质健康监控管理方案，并实施针对性的干预措施。经过一段时间的实施，青少年的体质健康状况得到了显著的改善。应根据干预效果的反馈及时对体质健康监控管理方案进行调整与修改，以确保其更符合青少年体质健康现状与发展需求。若情况发生变化或需要进一步优化，将重新制订方案，以确保青少年体质健康得到全面的提升与保障。

(二) 青少年体质健康监控之运动监控干预方案

青少年体质健康监控管理方案涉及内容非常丰富，这里主要分析体质健康监控管理的运动干预方案。运动干预是改善青少年身体机能与身体素质的重要路径，运动干预方案主要包括体育课堂干预和课外干预两个方面。

1. 课堂干预

经过为期 3 个月（共计 12 周）的体育课堂运动干预方案实施与分析，整个过程可以细化为以下几个关键阶段：

在初始的第 1—3 周，设定了一个过渡期。此阶段的核心目标是让身体机能逐步适应运动环境，为后续更为高强度的训练奠定坚实基础。因此，特别控制了运动强度，主要以中小强度为主，确保平均心率稳定在 120 次/分钟至 140 次/分钟的范围内。同时，为了避免身体过度疲劳，缩短了最高心率的维持时间。

随着身体逐渐适应，第 4—6 周的运动负荷得到了适当增加。此时，平均心率提升至 140 次/分钟—150 次/分钟，最高心率的维持时间也相应延长，旨在帮助身体逐步适应更高的运动挑战。

到了第 7 周，专门设置了一个测试阶段。在这一阶段，对身体机能和身体素质的一些关键指标进行了全面测试，以客观评估青少年的运动干预效果。这些测试结果不仅提供了宝贵的反馈，还为后续干预方案的调整提供了科学依据。

进入第 8—10 周，运动负荷达到了整个方案的最大值。此时的平均心率范围为 145 次/分钟—160 次/分钟，最高心率的维持时间也进一步延长，以推动身体适应大强度的运动负荷。

在第 11 周，主动降低了运动负荷，旨在减轻身体的压力，为接下来的恢复阶段做好充分准备。

在第 12 周，即体能恢复阶段，主要安排了恢复性练习。这些练习旨在帮助身体逐渐恢复到最佳状态，为青少年在日后的运动中展现出更好的表现打下基础。

2. 课外干预

（1）健康意识的培养。必须致力于培养和加强青少年的健康意识、自我保健意识以及终身体育意识，以促使他们形成积极、健康的生活习惯和行为模式。

（2）课外活动与体育锻炼。第一，应鼓励学生在课间休息时走出教室，进行伸展运动或参与一些体育小游戏，以活动身体、放松精神。第二，课外的体育锻炼应以有氧运动为主，保持中等强度，每周进行3—5次，每次持续约半小时。

（3）生活方式的引导。在饮食方面，学生应确保三餐规律，摄入营养全面且丰富的食物，特别是优质蛋白质和水分的补充。在睡眠方面，学生应严格遵守学校的作息制度，避免不必要的熬夜和赖床行为，并养成午休的习惯。

（三）青少年体质健康监控平台的构建方案

为了推进青少年体质的全面发展，实现其身心健康与和谐成长，进一步助力健康中国的构建，并提升全体国民的体质健康水准，国家持续制订并推出相关政策。这些政策不仅明确了国民体质的评价标准，还对各个年龄层的国民体质进行了系统监测与管理。在这一系列措施中，特别强调了构建青少年体质健康监控平台，并保障其稳定有效运行的重要性。通过这一平台的建立，能够更加便捷地对青少年体质数据进行信息化监控与管理，实现数据的共享与高效利用。随着互联网技术的不断革新，特别是在大数据技术的有力支撑下，相关部门深入挖掘青少年体质信息的潜在价值，为青少年体质健康提供了信息化、全面化的管理手段。基于青少年的体质健康状况，可以进行了有针对性的体育教学改革，这对学校体育事业的发展以及青少年的健康成长产生了深远影响。

1. 监控平台创建思路

在构建青少年体质健康监控平台的过程中，应秉持工作标准与技术手段相辅相成的原则。在确保平台建设质量的同时，应追求效率的提升,力求缩短建设周期,实现经费的合理使用,并秉持与时俱进、勇于创新的理念。在构建过程中,应采用最佳的建设方案,并融入前沿技术,从而为平台的后续运行和具体监控工作提供科学、有效的指导。

技术人员作为平台建设的关键力量,应致力于整合各类相关数据资源,包括但不限于国家青少年体质测试数据以及学校体质测评数据等。这些数据应从相关部门和学校等渠道获取,以构建全面、系统的青少年体质健康信息数据体系。

在数据整合的基础上,还应注重技术资源的有效整合,包括信息筛选、信息分析、信息对比等先进技术手段,从而为青少年体质健康监控平台的建立提供坚实的技术支持和保障。

完成数据和技术资源整合后,技术人员应进一步关注平台结构与内容的优化工作。通过优化平台内部网络架构,促进重要数据信息的顺畅交互,进一步提升平台的运行效率和服务质量。最终,通过有效的监控手段,推动青少年体质健康水平的不断提升。

2. 监控系统数据共享

运用尖端科技推动健康数据在不同环境下的互联,是构建青少年体质健康监控平台的核心价值所在。为达成数据共享的目标,在构建体质健康监控平台的过程中,技术团队需精心构建数据共享架构。这要求团队根据国家关于青少年体质健康的规范标准,对青少年体质健康信息类别进行科学划分,并精准设定平台的信息存储与交互容量、方式。同时,选择最优的信息处理手段,以完善监控平台的信息共享机制,确保信息数据的科学、合理使用。

在采集青少年体质健康信息时存在多种路径,所以需要审慎选择并优化采集路径,以确保信息采集环节的具体工作得以完善。通过提升相关人员的信息获取能力我们能够更好地掌握青少年的体质健康状况,为他们的健康成长提供有力保障。

3. 监控平台的维护

青少年体质健康监控平台汇集了大量数据信息,涉及多元主体及紧密相连的运作环节。为确保平台的稳定运行与数据安全，必须设立专门的系统维护单位，负责后台数据的整理与分析工作。此过程需由专业技术人员提供指导，并运用科学公式对青少年体质测试数据与健康状况进行反馈评估。

在平台运营过程中，可能会遭遇技术性挑战，如因访问量激增导致的登录困难、平台遭受非法网站攻击以及青少年个人信息泄露等风险。针对这些问题，必须加强平台的维护与安全管理，采取有效措施解决上述难题，并构建专门的安全模块，以增强平台的自身防护能力。

在维护青少年体质健康监控平台时，应重视并不断完善防火墙机制。通过运用先进的防火墙技术准确识别师生、技术人员及工作人员的访问行为，并拒绝无权限的请求。这不仅能够保障平台的安全，还能提升平台的运行效率与实用性。

四　学校体质健康测试的相关改革措施

学校体质健康测试作为衡量学生身体素质与健康状况的重要手段，一直以来都受到广泛关注。随着时代的进步和教育理念的发展，传统的体质健康测试方式已经无法满足现代教育的需求。因此，对学校体质健康测试进行改革既是教育现代化的必然要求，也是促进学生身心健康发展的必然选择。

（一）改革应着眼于提升体质健康测试的信息化水平

传统的体质健康测试方式往往采用纸质记录、人工汇总的方式，效率低下且易出错。而现代信息技术的飞速发展提供了更多的可能性。通过建立体质健康测试信息化平台，可以实时录入、更新和查询学生的体质数据，实现数据的自动化处理和分析。这不仅提高了数据的准确性和时效性，还为学校提供了更加便捷的数据管理方式。通过数据分析与挖掘，学校可以更深入地了解学生的体质状况，为制订针对性的健康管理措施提供有力支持。

第七章 青少年体质健康视角下学校体育教育改革的思考

（二）改革应关注体质健康测试的个性化与差异化

每个学生都是独一无二的个体，他们的身体素质、兴趣爱好和成长需求各不相同。因此，体质健康测试不应仅仅停留在简单的标准化测试上，而应更加注重个体差异和个性化指导。学校应根据学生的年龄、性别、身体状况等因素，制订个性化的测试方案，并在测试过程中注重差异化指导。通过了解每个学生的体质特点和发展需求，学校可以为他们提供更具针对性的锻炼建议和健康指导，帮助他们更好地发挥潜能，实现全面发展。

（三）改革应加强体质健康测试与体育教学的结合

体质健康测试在评估学生身体状况的同时，更是激发学生积极参与体育锻炼的重要动力。因此，学校应将体质健康测试与体育教学紧密结合，将其作为调整教学内容和方法的重要依据。通过实施有针对性的体育教学，可以全面提升学生的身体素质和运动技能，并培养他们的运动兴趣和习惯。此外，学校应根据体质健康测试的结果，为学生制订个性化的锻炼计划和健康指导，使体育教学更加符合学生的实际需求，从而促进学生的全面发展。

（四）改革应注重家校合作在体质健康测试中的作用

家长在学生的成长过程中起着举足轻重的作用，他们的支持与参与对孩子的健康管理具有不可忽视的重要性。为了保障学生的身体健康，学校必须与家长保持紧密地沟通与协作。具体而言，学校应定期向家长提供学生的体质健康测试结果，以引导家长更加关注孩子的身体状况，并在此基础上共同制订健康管理计划。通过学校与家庭的共同努力可以形成强大的合力，从而有效促进学生的健康成长。此外，学校还可以利用家长会、家长学校等多样化的渠道，向家长普及体质健康知识，进而提升家长对孩子健康管理的认识水平和实际操作能力。

（五）改革应关注体质健康测试的科学性和公正性

为确保学生体质健康测试的精确性与公正性，学校应加强对测试人员的专业培训和管理,确保他们具备充分的专业知识和技能。此外,学校应建立全面的监督体系,对测试过程实施全程监管。为了进一步提高测试的公信力和准确性,学校亦可考虑引入独立的第三方机构,对体质健康测试进行专业的监督与评估。

第四节 课外体育助力青少年体质健康的策略

青少年是国家的未来和民族的希望,他们的体质健康直接关系到国家的繁荣和民族的强盛。在当前的教育环境下,青少年面临着学业压力增大、久坐不动的生活方式增多,这些问题导致体质健康水平呈现下降趋势。如何有效地提升青少年的体质健康水平成为当前教育领域亟待解决的问题。课外体育作为学校教育的重要组成部分,对于促进青少年体质健康具有不可替代的作用。通过丰富多样的课外体育活动既能够增强学生的身体素质,又能培养学生的团队协作精神和运动兴趣,全面促进学生的身心健康发展。本节将简要阐述课外体育助力青少年体质健康的策略,以期为实践提供有益的参考。

一 加强课外体育活动的组织与管理

作为课外体育活动的主要策划者与执行者,学校应构建一套专门的组织架构。此架构需清晰界定各部门的职责与任务,确保每项工作均有人承担,每个流程均有人监管,从而避免管理上的混乱与疏漏。

制订详尽的课外体育活动计划亦不可或缺。该计划应详尽规划活动的时间、地点及内容,以满足各年龄段学生的需求。例如,针对低年级学生,可策划富有趣味性且运动量适中的活动,如跳绳、踢毽子等;而对于高年级学生,则可设计更具挑战性和竞技性的活动,如篮球、足球比赛等。此种差异化安排有助于提升学生的学习热情与参与度。

另外，保证课外体育活动的安全性亦十分重要。学校应建立并完善一套安全管理制度，清晰规定每项活动的安全标准和要求。在活动开始前，必须对场地、器材等进行全面细致的检查和维护，确保其达到安全标准。学校还需制订应急预案，以应对可能发生的意外情况。在活动过程中，应指派专人负责安全管理，及时发现并解决安全隐患，确保学生在参与课外体育活动时的安全。

课外体育活动的组织与管理需重视与家长的沟通与协作。家长作为学生的重要监护人，其对于课外体育活动的态度与支持程度，直接影响着学生的参与情况。因此，学校应积极与家长沟通，向他们阐述课外体育活动的意义与目的，争取他们的理解与支持。学校亦可通过家长会、家长志愿者等形式，邀请家长参与课外体育活动的组织与管理，共同为学生的体质健康贡献力量。

二 丰富课外体育活动的形式与内容

学生参与课外体育活动的关键在于的其丰富多样性。作为促进学生全面发展的核心机构，学校不仅肩负重任，而且有责任根据每个学生的兴趣和特性，精心策划一系列吸引人的课外体育活动。在紧张的学习之余，学生们倾向于寻找既能放松身心又能提升技能的活动。篮球、足球、羽毛球等球类运动，因其独特的竞技性和团队性，成为学生们展现自我、加强团队协作的理想平台。同时，跑步、跳绳等有氧运动在课外体育活动中占有重要地位。它们简单易行，适合各年龄段学生参与。通过持续的跑步和跳绳训练，学生的心肺功能和耐力将得到显著提升，为他们未来的学习和生活奠定坚实的健康基础。这些运动不仅有助于学生的身体健康，还能在无形中培养他们的毅力和恒心，为他们的全面发展提供有力支持。另外，结合传统文化和地域特色，开展具有特色的课外体育活动同样重要。民族舞蹈、武术等活动不仅能让学生在运动中感受传统文化的魅力，还能在传承和弘扬传统文化的过程中，增强他们的民族自豪感和文化自信，这对于传承和弘扬传统文化具有深远意义。

三　加强课外体育与体育教学的结合

通过结合课外体育与体育教学，可以有效提升青少年的体质健康水平。学校体育教学在整体教育体系中具有举足轻重的地位，其核心职责在于向学生传授运动相关的知识和技能。此外，课外体育活动还为学生提供了宝贵的实践平台，使他们有机会将课堂所学的理论知识转化为实际操作能力，在丰富多彩的体育活动中深化对运动知识的理解和技能的运用。

为了构建课外体育与体育教学之间的和谐统一，学校必须高度重视两者之间的衔接与融合。体育教师在规划教学方案时，必须深入考量课外体育活动的实际需要，以保证课堂教学内容与课外实践活动的无缝对接。例如，当体育课上教授了某项运动的基础技巧后，教师应积极利用课外体育活动的时间，为学生安排相应的练习和竞技活动，以便让学生在实践中深化并拓展这些技能。通过此种方式，学生不仅能够在课堂上系统学习理论知识，还能在课外活动中将所学理论知识转化为实践操作，从而更加全面而深入地掌握运动技能。

体育教师在课外体育活动中，还应根据学生的实际情况和个体差异提供个性化的指导和建议。由于每个学生的运动能力和兴趣点不同，教师在指导过程中应注重因材施教，针对学生的特点进行有针对性的指导。这种个性化的教学方式不仅有助于发挥学生的运动潜能，还能激发他们的运动兴趣和积极性。

四　加强课外体育与家庭、社区的联动

家庭和社区在青少年成长过程中具有不可替代的角色，对于推动课外体育活动的开展至关重要。为了给学生创造优质的体育环境，学校应积极与家长和社区构建稳固的合作关系。

学校与家长之间的沟通桥梁不可或缺。通过定期召开家长会、家访等渠道，学校能够深入了解每位学生的体质健康状况及兴趣点，同时向家长传达课外体育活动的价值与意义。在交流过程中，学校应指导家长认识到参与体育活动对孩子全面发展的积极影响，从而激发家长对孩子参与体育活动的鼓励与支持。

社区作为青少年生活的重要舞台，具备丰富的资源与广阔的空间。学校可与社区携手，共同策划和组织各类联合性课外体育活动，例如社区运动会、体育文化交流活动等。此类活动不仅能让学生在更广阔的空间内锻炼身体，提升运动技能和身体素质，还有助于培养他们的社会适应能力和团队协作精神。

五　注重课外体育活动的评价与反馈

课外体育活动的质量提升，评价与反馈环节不可或缺。学校应建立起一套全面、科学、系统的课外体育活动评价体系。这一体系需兼顾对活动过程和活动结果的评价，确保评价的完整性和准确性。在过程评价方面，应重点观察学生在体育活动中的参与态度、努力程度以及团队协作能力，以此来鼓励学生积极参与、享受运动，并勇于挑战自我。而在结果评价方面，应侧重于评估学生的运动技能和知识掌握程度，通过具体的成绩和数据分析，真实反映学生的运动水平和进步状况。在评价过程中，学校必须始终坚守公平、公正、公开的原则，学校还应根据学生的个体差异和兴趣特点制订个性化的评价标准和方法，以更有效地激发学生的运动潜能和兴趣。此外，学校还应及时向学生和家长反馈评价结果与建议。通过定期公布评价结果、组织家长会等形式，使学生和家长了解孩子在运动方面的表现、进步及待改进之处。这将有助于帮助学生明确个人目标和方向，制订针对性的改进计划，以期在未来的体育活动中取得更好的成绩。同时，家长也能更好地了解孩子在学校的运动表现，从而与学校共同促进孩子的健康成长。

六 培养学生的运动兴趣和习惯

在规划与实施课外体育活动时,学校应始终秉持着培育学生运动兴趣与习惯的理念。兴趣作为学生持续参与体育活动的核心驱动力,对其形成运动习惯与树立终身运动观念具有至关重要的影响。为激发学生运动兴趣,学校应策划并组织多元化体育活动。这些活动不仅涵盖传统的球类运动、田径竞赛,亦应融入如街舞、滑板等时尚元素。借助形式多样的体育活动,让学生在参与中体验运动的乐趣与挑战,进而点燃他们的运动热情。

学校应当积极组织体育知识讲座和体育文化交流活动,以全面提升学生的体育文化素养。通过这些精心设计的活动,旨在让学生更深入地了解各类体育项目的历史起源、发展演变及其比赛规则,从而增强他们的运动认知与参与热情。此外,通过与外校开展体育文化交流,学生将有机会接触并学习到更多元化的运动方式和体育文化,这不仅有助于拓宽他们的视野,也有助于激发他们的兴趣爱好。

除在校内组织活动外,学校也应积极鼓励学生参与家庭与社会的体育活动。家长可与孩子共同参与户外运动、社区体育活动等,让孩子在家庭中亦能体验到运动的乐趣。通过多方面的协同努力,学校将有助于学生培养对体育运动的热爱与兴趣,进而形成良好的运动习惯。这将使学生在未来的学习与生活中能够自觉参与体育活动,享受运动带来的身心益处。

七 加强课外体育活动的科研与创新

科研与创新是推动课外体育活动持续进步的重要引擎,对于青少年的体质健康提升具有深远的影响。作为课外体育活动的主要策划者与管理者,学校必须增强在这一领域的科研投入,积极寻找适应青少年体质健康发展的课外体育活动模式和方法。

首先,为了支持课外体育活动的相关研究工作,学校应专门设立科研基金。这些研究应涵盖运动生理学、运动心理学、运动训练学等关键领域，以深入探索青少年体质发展的内在规律，从而为课外体育活动的科学实施提供坚实的理论基础。

其次，学校应积极鼓励体育教师投身科研活动，并努力提升他们的科研能力和创新意识。为此，可以定期组织体育教师参与科研培训、学术研讨会等专业活动，使他们及时了解并掌握最新的科研成果和科研方法。学校还应建立科研成果奖励机制，以激励体育教师在课外体育活动科研方面取得更多的创新和突破。

最后，学校可以与高校、科研机构等建立紧密的合作关系，共同推动课外体育活动的科研项目。通过合作，学校可以引入更多的科研资源和专业人才，进而提升课外体育活动科研的整体水平和影响力。这种合作模式将有助于促进学校体育科研的深入发展，为青少年的全面发展做出更大的贡献。

第五节 学校体育教育与学校健康教育的协同发展

学校体育教育与健康教育在学校教育体系中占据举足轻重的地位，共同致力于促进学生身心健康的全面发展。二者之间的相互支持与协同发展，不仅能够增强学生的体质与运动技能，更能引导他们形成健康的生活方式和行为习惯。因此，对学校体育教育与健康教育协同发展的深入研究，对于提升学校教育整体质量与水平具有深远的意义。

一 体育教育与健康教育协同发展的理论基础

体育教育与健康教育在理论上有着千丝万缕的内在联系，它们共同构筑了学生身心健康成长的重要基石。体育教育通过设计多样化的身体活动帮助学生增强体质，提高其运动技能，使他们在运动中感受快乐，在挑战中不断成长。健康教育注重传授健康知识，引导学生了解身体机能的奥秘，培养他们的健康意识和良好的健康行为习惯。两者的结合犹如一股强大的力量，推动着学生的全面发展。

体育教育为学生提供了展示自我的舞台，让他们在运动中释放激情、锤炼意志；健康教育则为学生提供了科学的指导，让他们在掌握健康知识的同时，更好地理解运动的意义和价值。这种身心并重的教育模式不但有助于提高学生的身体素质和运动技能，还能培养他们形成健康的生活方式和行为习惯，为他们的未来奠定坚实的基础。

协同发展的理念正是基于这样的认识而提出的。它强调体育教育与健康教育应相互支持、相互促进，形成一种合力，共同推动学生的身心健康发展。这种理念既符合现代教育的发展趋势，也符合学生身心发展的实际需求。在现代社会，学生的身心健康越来越受到重视，体育教育与健康教育的协同发展正是实现这一目标的重要途径。

二 体育教育与健康教育协同发展的实践路径

（一）课程设置与资源整合

学校作为教育的主阵地，应高瞻远瞩，统筹规划体育教育与健康教育的课程设置，以保证二者在内容上既相互衔接又互为补充。具体来说，学校应深入研究体育教育与健康教育的内在联系，根据学生的年龄、性别、兴趣等特点科学设计课程内容和教学计划。在体育教育中，除了传授基本的运动技能和锻炼方法外，还应融入健康教育的理念，引导学生了解运动与健康的关系，培养他们在运动中注重自我保护、预防运动损伤的意识。而在健康教育中，除了传授健康知识外，还应结合体育教育的实践，让学生在亲身体验中感受健康的重要性，学会如何在日常生活中保持健康的生活方式。

为确保体育教育与健康教育得以有序交替进行，学校需精心规划课程时间。同时，学校应高效利用现有资源，如体育场馆和健康教育实验室，为二者的协同进步奠定坚实的物质基础。具体而言，体育场馆不仅可用于日常的体育教学和锻炼，更可成为健康教育实践活动的理想场所，让学生在亲身体验中深化对健康知识的理解与技能的掌握。而健康教育实验室则可作为体育教育科学研究的重要基地，通过深入探索和研究，不断完善和优化教育方法，推动体育教育向更加科学和高效的方向发展。

（二）教学方法与手段创新

在体育教育与健康教育的教学实践中，教学方法和手段上的相互借鉴与融合显得尤为重要。体育教师完全有能力且应当积极探索将健康教育知识无缝融入日常体育教学活动中。以篮球教学为例，在传授篮球技能的同时，教师可以自然地穿插讲解运动损伤的预防和处理技巧。通过具体生动的案例，使学生能够深刻理解在运动过程中如何有效避免受伤，以及在遭遇突发情况时如何迅速采取适当的应急措施，从而显著提升学生的自我保护意识。健康教育教师亦可从体育教学中汲取灵感，运用体育活动的形式来丰富和增强健康教育的内容。例如，通过精心组织的户外拓展训练，让学生在亲身参与中体验团队合作的挑战与成就感，进而深刻理解团队合作的重要性。此外，健康教育教师还可以教授学生在运动中如何科学调整呼吸、保持运动节奏，使他们在实践中真正掌握健康知识和技能。这种教学方法和手段上的相互借鉴与融合，不仅能够极大激发学生的学习兴趣和积极性，还能在潜移默化中全面提升他们的健康意识和行为习惯。因此，体育教育与健康教育教师之间的深入交流与合作显得尤为重要。双方应共同努力，探索更多富有成效的教学方法和手段，为学生的健康成长贡献智慧和力量。

（三）教师队伍建设与培训

为了推动体育教育与健康教育的整体进步，学校应对体育与健康教师的队伍构建与培养工作予以充分重视。为了提升教师的专业水平和教学能力，以更好地服务于学生的全面发展，学校应实施以下策略。

第一，学校应定期举办教研活动，为体育与健康教师创造一个相互学习、交流的平台。在这样的活动中，教师们可以分享各自的教学体会，共同探讨教学中的疑难问题，并集体探索有效的解决方案。

第二，学校应积极邀请体育与健康教育领域的专家学者来校举办学术讲座或提供指导。这些专家学者的深厚理论素养与实践经验，将为教师们带来新的教育理念和教学方法，有效拓宽教师的教育视野，从而促进教学质量的提升。

第三，建立激励机制，鼓励教师积极参与科研活动。通过参与科研，教师可以更深入地了解体育教育与健康教育的最新理论研究成果，将科研成果转化为实际教学应用，从而推动教育的理论创新与实践探索。

参考文献

陈华卫：《健康体适能知识促进大学生体力活动的机理研究》，中国书籍出版社 2022 年版。

戴志东：《篮球后备人才选拔与培训体系建设》，北京体育大学出版社 2021 年版。

杜鹃：《游泳运动科学训练与安全监控研究》，东北林业大学出版社 2022 年版。

樊芹芹：《科学运动训练与运动员竞技能力发展研究》，广东人民出版社 2022 年版。

冯强明：《中国大学生田径运动体能训练机制和方法》，天津大学出版社 2021 年版。

高徐总主编，田广等主编：《新编体育与健康》，北京师范大学出版社 2015 年版。

郭书胜：《现代体能训练方法设计研究》，吉林出版集团股份有限公司 2022 年版。

韩奇：《现代体育教育与健康促进实施路径探索》，中国书籍出版社 2022 年版。

孙国民、于晓东主编：《大学体育教育·理论知识》，南京大学出版社 2010 年版。

李亮、许宇斌、高琪主编：《大学生综合体能训练与体质测试的方法》，中国水利水电出版社 2016 年版。

李曙刚：《我国青少年体质问题分析与提高路径研究》，中国水利水电出版社 2019 年版。

刘江南、赵广才主编：《体质健康与科学健身指导》，华南理工大学出版社 2008 年版。

刘琦主编：《大学体育与健康教程》，中国农业出版社 2006 年版。

刘阳、王鑫刚、薛铭：《体能训练理论分析与专项体能训练实践》，九州出版社 2021 年版。

罗华平：《现代体能理论阐析与科学化训练研究》，中国书籍出版社 2017 年版。

宋浩等：《新时期大学生体质健康科学管理研究》，中国书籍出版社 2021 年版。

孙国民、于晓东、陈东主编：《大学体育理论教程》，南京大学出版社 2011 年版。

孙建国：《体能学练方法设计与实际运用研究》，中国书籍出版社 2018 年版。

田学礼：《青少年运动员体能训练方略研究》，吉林出版集团股份有限公司 2021 年版。

王伯中、董翠香、杨晨利主编：《实用运动训练学》，电子科技大学出版社 1995 年版。

王成科：《青少年功能性训练与运动康复研究》，中国书籍出版社 2022 年版。

王东亮、赵鸿博编著：《现代大学生体能训练理论与方法指导》，中国书籍出版社 2014 年版。

王恩芳主编：《引领大众体育的时尚运动：气排球》，中国书籍出版社 2023 年版。

王向宏主编：《体能训练理论与方法》，北京航空航天大学出版社 2010 年版。

王向宏主编：《体能训练理论与方法（第 2 版）》，北京航空航天大学出版社 2014 年版。

王哲：《全民健身背景下青少年体质健康与促进研究》，吉林人民出版社 2021 年版。

夏国滨、陈岩、胡佳刚主编：《田径专项教学与训练方法》，哈尔滨地图出版社 2006 年版。

徐向军主编：《青少年体能训练指导》，北京体育大学出版社 2014 年版。

徐勇灵、高雪峰主编：《科学运动与体质健康促进指导手册》，广东高等教育出版社 2016 年版。

徐玉明等主编：《体适能评定与发展》，北京体育大学出版社 2013 年版。

许宇斌、黄淮雷、陈历泽：《现代教育理念视域下体育教学与训练体系的优化》，中国书籍出版社 2022 年版。

延峰编著：《实用运动训练问答》，人民体育出版社 1993 年版。

李钟香、于晓东主编：《高等学校体育教程·实践篇》，南京大学出版社 2013 年版。

曾理、曾洪林、李治主编：《高校体能训练理论与训练教学指南》，新华出版社 2018 年版。

翟一飞：《体育运动促进青少年体质健康的攻略研究》，东北林业大学出版社 2022 年版。

张明玉主编：《最新运动员体能开发训练与测量评价标准实务全书》，人民体育出版社 2012 年版。

张毅、秦勇、耿洁主编：《现代运动训练的理论分析与科学操作研究》，地质出版社 2016 年版。

周家颖、李山主编：《体能训练教程》，北京体育大学出版社 2015 年版。